Umschlaggestaltung: Michael Franzen
Lektorat: Michael Franzen

Western Books-Verlag©, Michael Franzen, 24534 Neumünster
michaelfranzen1965@googlemail.com

Druck: Neopubli GmbH 10969 Berlin

ISBN Paperback: 978-3-746748-12-2
ISBN eBook: 978-3-7427-1537-1

Michael Franzen

Doc Holliday

Spieler und Revolverheld

Inhalt

*„**Wenn** Sie wie ich von einem Ende des Landes zum anderen gejagt wurden, werden Sie verstehen, worauf der Ruf eines schlechten Mannes beruht.“*

(J. H. Holliday, 1886)

Vorwort

*„**Doc** war ein Zahnarzt, kein Gesetzloser oder gar ein Mörder, der aus der Notwendigkeit heraus zum Spieler wurde. Ein Gentleman, der aufgrund seiner Krankheit zu einem Grenzvagabunden wurde. Ein Philosoph, den das Leben zu einem bissigen Zyniker gemacht hatte. Ein hochgewachsener dünner aschblonder Bursche, dem Tode nahe und zugleich der geschickteste Spieler und nervenstärkste, schnellste und tödlichste Mann mit einem Sechsschüsser, den ich je kannte.“*

Wyatt Earp - San Francisco Examiner -
02. August 1896

„Billy Allen, ein Freund von Sheriff John Behan aus Tombstone, dem Doc noch fünf Dollar schuldete und der von diesem deswegen schon mehrmals angemahnt worden war, betrat Hyman's Saloon in Leadville, Colorado. Doc Holliday, der am Tresen hinter der Vitrine mit den Tabakwaren stand, zog seinen 44er Revolver und feuerte ohne Umschweife auf Allen. Die erste Kugel durchschlug die Scheibe der Windfangtür und blieb im Türrahmen stecken. Allen machte panisch auf dem Hacken kehrt und versuchte zu fliehen, wobei er in seiner Hast jedoch stolperte und zu Boden stürzte. Holliday lehnte sich über die Vitrine und feuerte ein weiteres Mal, wobei er Allen in den Ellenbogen traf. Bevor er einen

dritten Schuss abfeuern konnte, wurde er von dem Bartender des Hyman's Henry Kellermann gepackt, während Allen, nachdem er sich erhoben hatte, geschockt aus dem Raum wankte und vor dem Saloon ohnmächtig zusammenbrach. Doc wurde anschließend entwaffnet und in Arrest genommen."

Doc Holliday, Freund von Wyatt Earp, Zahnarzt von Beruf und Spieler aus Passion, der ein geradezu unheimliches Geschick im Umgang mit seinen beiden vernickelten und elfenbeinbeschlagenen Revolvern gehabt haben soll und der jeden Revolverhelden im Wilden Westen überlegen gewesen war. Ein Gentleman, stets gut gekleidet, mit einem schönen Schnauzbart und zwei blau-grauen Augen, die stets pfeilgerade nach vorne gerichtet waren und die einem bis auf dem Grund der Seele zu schauen schienen. Ein Mann, der an der Schwindsucht erkrankt, in den Westen der USA gezogen war, um dort Linderung von seiner Krankheit zu erhalten und der mit seinen Revolvern jenen Mitmenschen zur Hilfe kam, die sich gegen das Verbrechertum selber nicht zur Wehr zu setzen verstanden.
Zumindest die obige Episode lässt davon nur wenig übrigzulassen und außer Wyatt Earp, besaß Doc tatsächlich nur sehr wenige Freunde im damaligen Wilden Westen. So schrieb der bekannte Gunfighter und Marshal Bat Masterson in dem Magazin „*Human Life*" 1907 über ihn:

„*Holliday hatte eine niederträchtige Grundhaltung und war unbeherrscht. Wenn er unter Alkoholeinfluss stand, war er ein sehr gefährlicher Mann. Holliday hatte nur wenige Freunde im Westen gehabt. Er war egoistisch und hatte eine perverse Natur. Eigenschaften, die nicht dazu bestimmt gewesen waren, ein Mann in den frühen Tagen an der Grenze populär zu machen",*

während Virgil Earp hingegen als Fürsprecher über ihn schrieb:

„Doc hatte etwas Seltsames an sich. Er war ein Gentleman, ein guter Zahnarzt, ein freundlicher Mann und doch, außer uns Jungs, ich glaube nicht, dass er einen Freund im Territorium hatte. Es wird erzählt, dass er Männer in verschiedenen Teilen des Landes ermordet hatte; dass er alle Arten von Verbrechen begangen hatte, und doch, als Personen gefragt wurden, woher sie es wussten, nur zugeben konnten, dass es Hörensagen war und dass diese Taten nicht zu Doc zurückverfolgt werden konnten. Er war ein schlanker und kränklicher Bursche, aber wann immer eine Postkutsche ausgeraubt worden war oder es anderen Ärger gab und Hilfe benötigt wurde, war Doc einer der ersten, der sein Pferd sattelte und sich zum Dienst meldete."

Virgil Earp, „*Arizona Daily Star*", 30. Mai 1882

Ja, was denn nun, ist man versucht zu fragen. Wer steckt hinter der Fassade des Spielers und Gunfighters Doc Holliday? Diese Frage zu beantworten und den Lebensweg Hollidays nachzuverfolgen, hat sich der Autor in diesem Buch zum Ziel gesetzt. Machen wir daher eine

Zeitreise zurück in die Vergangenheit und folgen wir den längst verwehten Spuren Hollidays, die in Griffin, Georgia ihren Anfang nahmen und die Jahrzehnte später in dem Ort Glenwood Springs in Colorado endeten.

Neumünster, im August 2018
- der Autor -

Kindheit und Jugend

Der Nachname Holliday stammt vermutlich aus dem alten Schottland und die ersten Leute, die den Nachnamen benutzten, waren vermutlich Briten aus Strathclyde. Der Name ist eine Variante von „Holy Day", der von jenen Menschen benutzt wurde, die in der Nähe des Berges gleichen Namens in der Grafschaft Annandale gelebt hatten.
Über Großbritannien wanderten die ersten Hollidays (Halliday, Holaday, Holiday, Holladay, Halladay, Hollaway, Hollman) in die USA und nach Kanada hin ein, so dass um das Jahr 1840 herum bereits 195 Familien mit diesem Nachnamen auf der östlichen Seite des Mississippi lebten, die meisten davon, nämlich 26 in Ohio, nur knapp gefolgt von jenen Hollidays, die sich in Georgia angesiedelt hatten, nämlich 19 Familien.

Die Geschichte unserer Holliday-Familie und im Speziellen, die von Doc, beginnt mit einem Walter Halliday in Kent, England, der dort im Jahre 1215 geboren worden war. Er war Vater von zwei Söhnen, die ihrerseits Söhne zeugten und die somit den Beginn einer langen Ahnenreihe von Hollidays mit all den oben angeführten Schreibvarianten ins Leben riefen, wobei sich unter ihnen auch eine beachtliche Anzahl mit dem Vornamen Walter, William und „vos contiectans eam" auch John befanden.
Captain John Marshall „The Ranger" Holladay wurde am 20. April 1676 in Minchinhampton, Middlesex, England geboren und wanderte nach Virginia hin aus, wo er seine Frau Elizabeth ehelichte und später nach einem langen

Leben, am 04. November 1742 auf seiner Plantage Bellefonte bei Spotsylvania, Virginia verstarb. Er hinterließ dabei elf Kinder, darunter William H. Holladay, der 1705 ebenfalls in Bellefonte, Spotsylvania, Virginia geboren wurde. Er wurde Vater von vier Kindern, darunter William Holliday, der wiederum im Jahre 1787 Robert Alexander Holliday zeugte, Doc Hollidays Großvater also. Dieser erreichte ein hohes Alter und verstarb am 16. November 1862 in Georgia.

Doc Hollidays Vater Henry Burroughs Holliday ging aus der Ehe zwischen Robert Alexander und Rebecca Holliday geb. Burroughs (1800-1856) hervor und er wurde am 11. März 1819 in Laurnes, South Carolina geboren.

Henry Burroughs Holliday, der von seinen Mitmenschen aufgrund seines Ranges im Allgemeinen Major genannt wurde, war ein verdienter Veteran aus den früheren Kriegen gegen die Cherokee (1838) und Mexikaner (1846-1848). Nachdem er aus dem Krieg zurückgekehrt war, im Gefolge der 13-jährige Waisenjunge Francisco Hidalogo, den er in seine Obhut genommen hatte, heiratete er am 08. Januar 1849 in Fayetteville, Georgia die am 21. April 1829 ebenfalls in South Carolina geborene Alice Jane McKey. Im selben Jahr, am 03. Dezember 1849 wurde dem frischvermählten Paar eine Tochter namens Martha Eleonora geboren, doch das Kind verstarb bereits im Alter von sechs Monaten am 12. Juni 1850 in Griffin, Spalding County, Georgia, wohin das Ehepaar nach der Hochzeit gezogen war, so dass John Henry der einzige Stammhalter der Familie bleiben sollte.

Seinen ersten „weniger historischen" Schrei als neuer Erdenbürger tat John Henry laut dem Eintrag in der Familienbibel des Vaters am 14. August 1851, doch könnte es laut anderen Quellen auch der 03. Januar 1852 gewesen sein. Ein Geburtsregister dazu findet sich nicht oder es ging, wenn es denn existiert hatte, später während der Bürgerkriegswirren verloren. Die Taufe jedenfalls fand am 21. März 1852 in der Presbyterianischen Kirche in Griffin, Georgia statt und da Taufen früher in der Regel schnell und bereits wenige Wochen nach der Geburt stattfanden, könnte auch das zweite Geburtsdatum das durchaus richtige gewesen sein.
John Henry sollte jedoch kein Einzelkind im Haushalt der Hollidays bleiben, denn außer ihm lebten dort auch noch drei der acht jüngeren Geschwister von Alice Jane McKey Holliday, nämlich Margaret Ann (1839-1871), Mellissa Ella (1844-1927) und Eunice Helena (1846-1906), für die Henry Burroughs Holliday nach dem Tode der Eltern von Alice - William Land McKey (1853) bzw. Jane McKey, geb. Cloud (1856) - die Vormundschaft übernommen hatte. Sie waren somit die Tanten von John Henry gewesen, gleichwohl man sie vom Alter her schon eher als Geschwister ansehen konnte.
Nachdem der Amerikanische Bürgerkrieg ausgebrochen war, diente Major Holliday bis 1862 in der 27. Infanterie von Georgia und bckam den Einmarsch von Unionsgeneral William Tecumseh Sherman (1820-1891) nach Georgia 1864 hautnah am eigenen Leibe zu spüren. Atlanta und Savannah wurden von der Union erobert und Georgia ging als einer der letzten Staaten für die Konföderation verloren. Der Erfolg Shermans sorgte am Ende dann auch

dafür, dass Abraham Lincoln (1809-1865) erneut ins Weiße Haus gewählt wurde.

Zusammen mit seiner Familie und dem gesamten Hausrat zog Major Holliday 1864 nach Bemiss und dann später 1866 in die am 07. Dezember 1860 gegründete Stadt und Verwaltungssitz des Lowndes County Valdosta an der südlichen Grenze und Küstenregion Georgias gelegen, die von einigen Historikern und Romanschreibern oftmals als Geburtsort von Doc Holliday betitelt wurde - und zwar fälschlicherweise muss man an dieser Stelle sagen, denn Doc wurde nachweislich in Griffin, Georgia geboren - Punktum!
In Valdosta gewann Major Holliday rasch an Einfluss und übte gleich mehrere Tätigkeiten aus. Er war Vorsteher der regionalen Landwirtschaftsgesellschaft, Drogist, Bürgermeister, Makler, Mitglied der Freimaurer-Loge, sowie erster Sekretär des konföderierten Veteranen-Camps.
Die Familie Holliday galt somit als hochangesehen und das übertrug sich am Ende auch auf John Henry, der „standesgemäß" eine höhere Ausbildung abschließen musste. Diese begann bereits mit der Schulzeit am Valdosta Institute, wo er in Rhetorik, Grammatik, Mathematik und Geschichte unterrichtet wurde. Daneben bekam er auch Sprachunterricht in Latein, Französisch und Griechisch, so dass er zu einem jungen und gebildeten Mann heranwuchs. Damit erschöpft sich das Wissen um Docs Jugendzeit dann auch schon fast, wenn es nicht drei wichtige Ereignisse während dieser Zeit gegeben hätte, die an dieser Stelle dann auch Erwähnung finden sollen.
Laut den alten Familiengeschichten kam es zwischen

John Henry und seiner Cousine Martha Ann „Mattie" Holliday, die rund achtzehn Monate älter gewesen war, zu einer kindlichen Freundschaft, die im späteren Teenageralter zu einer kurzen Romanze avancieren sollte.
Mattie war die Tochter von Docs Onkel Robert Holliday und wuchs in Jonesboro auf, runde 30 km von Griffin entfernt. Wann immer es die Zeit zuließ, trafen sich die Mitglieder der Holliday-Familie, zumeist in dem Haus von John Stiles Holliday, dem Bruder von Major Holliday und Arzt von Beruf, der u. a. operativ dafür sorgte, dass John Henry nicht den Rest seines Lebens mit einer Lippenspalte, umgangssprachlich auch „Hasenscharte" genannt, herumlaufen musste. Die beiden Kinder trafen sich somit oft und aus der „Sandkastenliebe" sollte sich später im Jugendalter eine Romanze entwickeln, die jedoch am Ende unglücklich für die beiden verlief, denn Mattie war eine Katholikin und in ihren Heiratsentscheidungen eingeschränkt gewesen, so durfte sie einen Cousin ersten Grades nicht heiraten und beiden Liebenden blieb am Ende nur die Rolle der „küssenden Cousins." Ob diese unglückliche Liaison auch ein Grund dafür gewesen war, dass Doc später Georgia in Richtung Westen der USA verließ, bleibt dabei aber reine Spekulation. Mattie entschied sich am 01. Oktober 1883 Nonne zu werden. Sie trat dem Kloster St. Vincent´s Convent in Savannah bei und nahm den Namen Schwester Mary Melanie an. Ihr Kontakt zu Doc sollte aber nie wirklich abreißen und beide unterhielten während seiner Reisen durch den Westen einen regelmäßigen Briefverkehr. Als Doc später in Glenwood Springs, Colorado verstarb, schrieb die örtliche Zeitung:

„Er hatte nur einen Korrespondenten unter seinen Verwandten - eine Cousine, eine Schwester der Nächstenliebe, in Atlanta, Georgia. Sie wird über seinen Tod informiert und wird wiederum andere Verwandte, die er möglicherweise hat, beraten. Wenn es einen alten Vater oder eine alte Mutter gibt, werden sie erfreut sein zu erfahren, dass freundliche und sympathische Hände über ihren Sohn in seinen letzten Stunden gesprochen haben, und das seine Überreste eine christliche Beerdigung erhielten.“

Docs Hinterlassenschaft, darunter auch seine Briefe wurden an Mattie, alias Schwester Melanie in Georgia geschickt und viele Jahre lang in der Familie Holliday aufbewahrt. Nach Matties Tod wurden die Briefe, so oft es möglich war, bei Familienversammlungen geteilt, bis ihre jüngere Schwester sie aus Gründen der Privathaltung verbrannte. Somit bleibt ein wichtiger Teil im Leben Doc Hollidays für immer verloren, doch wer weiß, ob es nicht noch mehr Briefe als jene gibt, die ein Raub der Flammen geworden waren? Warten wir es einmal ab.
Interessanterweise wäre noch anzumerken, dass Mattie Holliday die Cousine der Autorin Margaret Mitchell gewesen war, die den Weltbestseller „*Vom Winde verweht*“ schrieb. In der Verfilmung aus dem Jahre 1939 wurde Mattie die fiktive Figur der Melanie Hamilton, die den Erben der Nachbarplantage Twelfe Oaks Ashley Wilkes heiratet. Somit wäre Margaret Mitchell tatsächlich die Cousine zweiten Grades von Doc Holliday gewesen.

Die zweite Geschichte beschreibt ein Ereignis, welches

sich irgendwann zwischen 1866 und 1870 ereignet hatte und in der Doc seinen ersten Menschen erschossen haben soll. Diese Story wurde zwar oft erzählt, doch mit der Wahrheit nahm man es dabei nicht allzu genau.
Nach dem Bürgerkrieg 1865 gerieten die Südstaaten unter die Knute der Rekonstruktionszeit, der Wiedereingliederung der ehemaligen Konföderierten Staaten in die Union, die jegliche Selbstverwaltung im Keim unterdrückte und Afroamerikaner, die weder Lesen noch Schreiben konnten, in gehobene Ämter brachte. Eine Demütigung jener stolzen Ex-Plantagenbesitzer und der Bevölkerung des Südens im allgemeinen - Georgia dabei nicht ausgenommen. Die Erzählung stammt von Mrs. Clyde McKey White, die die Tochter von Thomas Sylvester McKey gewesen war, der auch gleichzeitig der Bruder von Alice Jane McKey gewesen war:

„Papa erzählte mir, dass Doc über ihre Köpfe schoss. Sie stießen auf die Neger, die in einem Teil des Withlacoochee Rivers schwammen, den Doc und seine Freunde von Pflanzen befreit hatten, um ihn als Badestelle zu benutzen. Die Gegenwart der Neger an diesem Ort ließ Doc so wütend werden, dass er seinen Revolver zog und über ihre Köpfe schoss, um sie zu verscheuchen."

Jens Kiecksee, „Doc Holliday, Wahrheit und Legende", S.11

Tote oder Verwundete ließ Doc somit an diesem Tage trotz gegenteiliger Berichte einiger zeitgenössischer Beobachter nicht zurück und etwaige Zeitungsartikel oder Ge-

richtsakten verzeichnen auch nichts dergleichen. Was von dieser Episode am Ende übrig bleibt, ist jedoch die Tatsache, dass Doc - jedenfalls an diesem Tage - einen Hang zur leichten Reizbarkeit gehabt haben dürfte, welche sich in seinen späteren Jahren insbesondere unter dem Genuss „geistiger Getränke“ und seiner Krankheit eher noch verschlimmern sollte. Sollte sich diese Tat unmittelbar nach dem Tod seiner Mutter ereignet haben, so könnte sie möglicherweise ein Grund und Anhaltspunkt für seinen späteren Charakterzug und diesem oben geschilderten Ausbruch gewesen sein.
Dieses dritte einschneidende Ereignis fand dann auch am 16. September 1866 statt, dem Tag, an dem John Henrys Mutter an der damals tödlichen Krankheit der Tuberkulose verstarb und da sich beide sehr nahegestanden hatten, lässt sich nur vage erahnen, was ihr Tod in ihm ausgelöst haben mag. Der öffentliche Nachruf stammt von Reverend N.B. Ousley, der bemerkte:

„Mrs. A. J. Holliday, die Tochter vom alten William L. McKey aus Griffin und Frau von H.B. Holliday, vormals wohnhaft in Griffin, starb in Valdosta am 16. September 1866. Sie war bereits mehrere Jahre lang ans Bett gefesselt und litt unter ihrer Krankheit. Sie ertrug ihr Leiden mit christlicher Stärke (...) Sie war sehr besorgt um das Wohlergehen all jener, die sie liebte (...) Sie war eine Zeitlang Mitglied in der Presbyterianischen Kirche (...) Ich besuchte sie wenige Tage vor ihrem Tod. Sie war ruhig, heiter und fröhlich. Sie sagte mir, sie sei im Reinen mit ihrem Gott und so ist sie von uns gegangen (...)“

Bereits drei Monate später, am 18. Dezember 1866, heiratete Major Holliday seine zweite Frau Rachel Martin (1843-1921) und gemeinsam zog die Familie von Bemiss nach Valdosta, wo Major Holliday neben seinen bereits an vorangegangener Stelle erwähnten Tätigkeiten in der Stadt, auch zum Bürgermeister gewählt wurde.
Gemäß seines Familienstandes musste sich John Henry einen Beruf erwählen und er entschied sich für die Zahnheilkunde. 1870 schrieb er sich an dem Pennsylvania College of Dental Surgery in Philadelphia ein, um dort zu studieren und an seiner ersten Vorlesung teilzunehmen. Jede Vorlesung dauerte etwas mehr als drei Monate und während dieser Zeit schrieb er seine Dissertation über „*Die Krankheit der Zähne.*" Die zweijährige praktische Ausbildung absolvierte er bei einem Dr. L. F. Frank.
Am 01. März 1872 war es schließlich soweit und neben 26 weiteren Anwärtern, wurde Mr. Holliday der Titel eines Doctor of Dental Surgery verliehen. Damit wurde Doc Holliday einer jener wenigen Männer im damaligen Wilden Westen, die ihren Beinamen „Doc" zu Recht tragen durften.
Einige Historiker und Romanschreiber vertreten die Auffassung, dass Holliday seinen Doktortitel in Baltimore verliehen bekommen hatte, wahrscheinlich, weil sich dort die bekannteste zahnärztliche Hochschule von Maryland befand, doch das ist ebenfalls nicht richtig - Punktum 2!

Als stolzer Doktor nach Georgia zurückgekehrt, wurde Holliday Partner von Dr. Arthur C. Ford in Atlanta und begann dort zu praktizieren. Die „*Atlanta Constitution*" vom 26. Juli 1872 liefert dazu den folgenden Artikel:

„Ich informiere hiermit meine Patienten, dass ich an der Sitzung der Southern Dental Association in Richmond, Virginia teilnehmen muss und werde bis ungefähr Mitte August abwesend sein. Während dieser Zeit wird Dr. John H. Holliday meinen Platz in meinem Büro ausfüllen. Büro: 26 Whitehall-Street – Arthur C. Ford, DDA."

John Henry Holliday erfüllte diese Aufgabe, so schien es, zur vollsten Zufriedenheit. Er war ein guter Zahnarzt, doch während dieser Zeit hatte er sich, sehr wahrscheinlich bei einem seiner vielen Patienten, mit der chronischen Tuberkulose angesteckt, derselben tödlichen Krankheit, an der bereits wenige Jahre zuvor seine Mutter verstorben war.
Obwohl er eine Anzahl von Ärzten konsultierte, waren deren Meinungen im Konsens gleich und die besagten, dass er nur noch einige wenige Monate zu leben gehabt hatte, vielleicht auch noch ein paar Monate länger, wenn er in ein wärmeres und trockenes Klima zog. Mit dieser unheilvollen Diagnose im Gepäck fuhr Doc zunächst zu einem kurzen Besuch nach Jonesboro, um sich dort sehr wahrscheinlich von Mattie und den anderen Verwandten zu verabschieden. Danach fuhr er zurück nach Valdosta, um seinen Eltern und Tanten Lebewohl zu sagen, bevor er einen Zug bestieg, der ihn Ende 1872 oder Anfang 1873 fort von Georgia in den Südwesten der USA brachte.

Aufbruch in den Westen

Mit der unheilvollen Diagnose Schwindsucht neben seinen anderen Habseligkeiten im Gepäck, wusste John Henry Holliday dass diese Krankheit einem Todesurteil gleichkam, welches zu jener Zeit in der Regel binnen kürzester Zeit vollstreckt wurde. Erst 1882 sollte der Deutsche Heinrich Hermann Robert Koch (1843-1910) das Tuberkulose-Bakterium entdecken, so dass die Krankheit später geheilt werden konnte - zu spät für Doc.
Viele Wege führen nach Rom, heißt ein altes Sprichwort, doch zu jener Zeit nicht sehr viele nach Dallas, Texas, ist man an dieser Stelle geneigt hinzuzufügen.
Man weiß, dass Doc Holliday mit dem Zug nach Dallas fuhr, doch wann genau er seine Fahrkarte ohne Rückschein am Schalter kaufte, weiß man nicht. Dasselbe galt auch für den Ausgangspunkt seiner Reise in den Westen, denn darüber gibt es ebenfalls unterschiedliche Berichte.
Tatsächlich besaß Valdosta bereits 1860 einen Eisenbahnanschluss, nämlich den der Atlantic & Gulf Railroad, die ursprünglich bis zum Golf von Mexiko gebaut werden sollte. Der erste Spatenstich erfolgte dabei am 02. Januar 1859 am Little Satilla, in der Nähe von Screven, Georgia und wurde über Valdosta (1860) nach Thomasville (1861) vorangetrieben, bis der Ausbruch des Amerikanischen Bürgerkrieges den Weiterbau verzögerte. Im Dezember 1867 erreichte die Strecke Bainbridge, Georgia und das nächste Ziel hieß Pollard in Alabama. Dann jedoch kam es zu finanziellen Schwierigkeiten, so dass der Bau der Eisenbahn erst ins Stocken und schließlich ganz zum Erliegen kam. Im Jahre 1877 musste das ganze Unterneh-

men schließlich Konkurs anmelden.
Die Wahrscheinlichkeit, dass Doc Holliday von Valdosta aus in den Westen reiste, ist also eher unwahrscheinlich, da seine Fahrt spätestens in Bainbridge geendet hätte.
Es ist eher wahrscheinlich, dass er einen Zug in Atlanta bestiegen hatte, der ihn dann über Mobile, Jackson, Vicksburg, Little Rock, Texakana, Marshall und Longview nach Dallas brachte und das am oder nach dem 01. Juli 1873, dem Tag, wo die Strecke zwischen Longview und Dallas erstmals in Betrieb genommen wurde. Doc hatte vier Staaten (Georgia, Alabama, Mississippi und Arkansas) durchquert, um in einem fünften Staat, nämlich Texas, eine neue Perspektive zu finden, so sie denn bedingt durch seine Krankheit überhaupt möglich gewesen war.

Dallas ist heute, nach Houston und San Antonio, die drittgrößte Stadt von Texas und den meisten von uns durch die Fernsehserie gleichen Namens sowie dem Attentat auf US-Präsident John Fitzgerald Kennedy am 22. November 1863 bekannt. Daneben gilt sie als „heimliche Hauptstadt“ von Texas und als ein wichtiger Anlaufpunkt für Wirtschaft und Kultur in der Region.
Die Stadt wurde 1841 im Nordosten von Texas östlich von Fort Worth gegründet und man mutmaßt, dass sich der Name der Stadt sowie der des gleichnamigen Countys von dem damaligen 11. US-Vizepräsidenten George Miflin Dallas (1792-1864) ableitete. 1856 erhielt Dallas das Stadtrecht und bedingt durch zwei Bahnlinien, die den Ort von Norden nach Süden und dann vom Osten her (1873) durchkreuzten, sollte sich Dallas in den nachfol-

genden Jahren und Jahrzehnten zum Kommerzzentrum und zu einer glitzernden Metropole des Staates entwickeln.
Als Doc Holliday irgendwann Mitte 1873 oder danach aus dem Zug stieg und seine ersten Fußabdrücke auf dem staubigen Boden von Dallas zurückließ, war der Ort eine jener Cattletowns, wie man sie üblicherweise von den zahlreichen Hollywood-Wildwestfilmen her kannte und die den Bürgern und Neuankömmlingen jegliche Art von Zerstreuung und geschäftlichen Aktivitäten bot. Saloons, Amüsierviertel und Läden gab es zu Hauff und viele von ihnen befanden sich an der Elm Street, jener Straße die John F. Kennedy am 22. November 1963 zusammen mit seiner Frau Jackie, Gouverneur John Connally, dessen Frau Nellie, dem Fahrer William Greer und einem weiteren Leibwächter in einer Lincoln-Limousine befuhr, bevor er von dem mutmaßlichen Einzeltäter Lee Harvey Oswald (1939-1963) mit zwei Gewehrschüssen getötet wurde, die dieser aus dem fünften (nach amerikanischer Zählart sechsten) Stockwerk des Texas School Book Depository heraus auf den Präsidenten abgefeuert hatte.
Durch seinen Doktortitel fand Holliday rasch Arbeit und wurde Juniorpartner in der Zahnarztpraxis von Dr. John A. Seeger in der 56 Elm Street. Er war kompetent und einige seiner Exponate, die er für die zahnmedizinische Schule vorbereitet hatte, wurden 1873 auf der Dallas County Fair vorgestellt. Er erhielt drei Auszeichnungen, einen Teller und 15 Dollar.
Doch das Praktizieren wurde mit jedem Hustenanfall, die seine Tuberkulose auslöste, immer schwieriger und sie kamen in der Regel immer dann, wenn er seine Patienten

behandelte. Auch diese selber bekamen natürlich mit der Zeit mit, dass mit dem hustenden Zahnarzt etwas nicht stimmte und blieben seinem Behandlungszimmer vorsichtshalber fern. Seine Praxis leerte sich von Mal zu Mal und damit auch die einzige Einnahmequelle, die er besaß. Er musste sich daher notgedrungen nach einer anderen Geldquelle umsehen, um seinen Lebensunterhalt finanzieren zu können und er hatte, da de facto bereits arbeitslos, nun auch mehr Zeit, sich in einem der vielen Saloons und Gasthäuser der Stadt zu amüsieren. Das Jahr 1874 kann somit als das Jahr angesehen werden, wo aus dem Zahnarzt Dr. Holliday der gefürchtete Spieler und Gunfighter Doc Holliday wurde, der Karten spielte, sich mehr und mehr dem Alkohol zuwandte und mit den Jahren zu einem schwarz-humorigen Zyniker wurde.
Den Umgang mit Waffen und das Kartenspielen hatte Doc mit Sicherheit bereits in Georgia erlernt, das belegt u. a. die Episode am Withlacoochee River. Er galt auch als guter Messerwerfer und das Kartenspielen hatte ihm womöglich eine schwarze Haushälterin im Hause Holliday beigebracht und das mit Erfolg, denn er galt in Dallas als ein guter Spieler, der darüber hinaus auch keinem Streit aus dem Wege ging, wie ein Artikel des Dallas „*Weekly Herald*“ vom 02. Januar 1875 belegt:

„Dr. Holliday und Mr. Austin, ein Salooner, durchbrachen gestern am Nachmittag die Monotonie des ständigen Krachens von Feuerwerkskörpern, indem sie aufeinander einige Schüsse abfeuerten. Wieder einmal hörten wir das fröhliche Lärmen des friedlichen Sechsschüssers. Beide Männer wurden festgenommen.“

Warum und wieso es zu dem Revolverkampf gekommen war, darüber schweigt sich das Blatt weiter aus. Es gab keine Toten oder Verwundeten, während ein anderer Revolverkampf, der sich gegen Mitternacht des 01. Januar 1875 herum in der Stadt ereignet hatte, einen Toten gefordert hatte und anders als der Holliday-Austin-Kampf das Stadtgespräch während der nächsten Tage gewesen war. Diesmal hatte Doc nicht über die Köpfe, bzw. den Kopf hinweggeschossen und wahrscheinlich war es lediglich dem zuvor konsumierten Alkohol zu verdanken, dass keiner der beiden Schützen eine ihrer Kugeln ins Ziel brachte. Aber man kann festhalten, dass Doc an diesem Tage, ob betrunken oder nicht, bereit gewesen war, einen Gegner mit einer Waffe zu begegnen und ihn gegebenenfalls auch zu töten.

Bald nach dieser Episode, beschloss Doc Dallas Lebewohl zu sagen. Seine erste Station nach Dallas war, folgt man der Legende, Jacksboro in Jack County, wo er Betreiber eines Spieltisches wurde, an dem Faro (Pharao) gespielt wurde, eine amerikanische Variante des europäischen „Alles oder nichts." Er trug nun einen Revolver an der Hüfte, sowie ein Messer und eine kurzläufige Waffe im Schulterhalfter. Folgt man der Legende, soll er dort drei Männer erschossen sowie einen weiteren verwundet haben, doch handfeste Belege dafür gibt es nicht. Auch sein Aufenthalt in Jacksboro selber ist nicht zur vollen Sicherheit belegt und Doc hielt sich auch nicht allzu lange in dem Ort auf, denn schon bald zog er weiter durch Texas, gen Westen.

Fort Griffin

Fort Griffin wurde am 31. Juli 1867 im nördlichen West-Texas errichtet, in der Hauptsache, um feindliche Comanchen und Kiowas in dem Gebiet unter Kontrolle zu halten, die dort ihr „Unwesen" trieben. Errichtet wurde es auf einer Anhöhe namens „Gouvernment Hill" am Clear Fork des Brazos River. Ursprünglich hieß das Fort Camp Wilson, danach wurde es nach Charles Griffin benannt, einem Unionsgeneral im Amerikanischen Bürgerkrieg.
Zu Füßen des Forts entstand nördlich um das Jahr 1870 herum eine Ansiedlung namens „The Flat." Sie diente u. a. als Zwischenstation für Viehtreiber nach Kansas, Anlaufpunkt für Bisonjäger und am Ende auch Glücksspieler. So gaben sich hier, außer Doc Holliday, auch andere namhafte Gunfighter, darunter Wyatt Earp, Bat und Jim Masterson als auch Dave Rudabough, der an der Seite von Billy the Kid ritt, die Klinke in die Hand.
Als Holliday den Ort erreichte, der zu der Zeit rund 1.000 Einwohner zählte, fand er eine Reihe von Saloons vor, in denen man eine Menge Geld verdienen konnte und wo ein starker Whisky den bohrenden Schmerz in seiner Brust zumindest eine Zeitlang betäuben konnte. Darunter befanden sich der Shawnessy´s Saloon, der Gus Huber Saloon, der Charley Meyer´s Saloon und das Occidental Hotel, wo sich Doc möglicherweise ein Zimmer nahm:

„Der Ort (...) war auch das Hauptquartier für eine Armee von Büffeljägern und ein wichtiger Versorgungspunkt für die Cattletrails auf ihrem Weg von Süd-Texas zu den Viehgattern von Kansas (...) Das Durcheinander von

Häusern beiderseits der Straße konnte man beim besten Willen nicht als Stadt bezeichnen. Zutreffender wäre es wohl, man spricht von einer zeitweiligen Ansammlung von Häusern, die notwendigerweise entstanden waren, um den Männern Schutz zu gewähren (...) Jede freie Stelle, die nicht von Gebäuden beansprucht wurde, bedeckten Stapel von Büffelhäuten - die Ausbeute des Winters - die darauf warteten nach Dallas, Denison oder Fort Worth verschickt zu werden (...)"

Jens Kiecksee , „Doc Holliday, Wahrheit und Legende", - S. 28

Der Ort selber war der sprichwörtliche Topf mit heißer Milch, die des Öfteren mal hochkochte und dann überzulaufen pflegte. Morde waren zahlreich und Pferdediebstähle schon beinahe an der Tagesordnung gewesen. So war es kaum verwunderlich, dass Sheriff Henry Jacobs als einziger Gesetzeshüter in dem Ort und darüber hinaus völlig überfordert gewesen war, das Gesetz nachhaltig zu seinem Recht zu verhelfen. Dazu Doc in späteren Jahren:

„Fort Griffin war ein Ort, wo 24 Männer an einem Baum aufgehängt wurden, in der Zeit, als ich dort war."

Die Legendenbildung um Doc Holliday macht auch in Fort Griffin (The Flat) nicht Halt. Zum einen soll er in dem Ort erstmalig mit Wyatt Earp zusammengetroffen sein, als der sich auf der Suche nach dem bereits oben genannten Dave Rudabough befunden hatte. Er unterhielt sich dabei auch mit dem ihm befreundeten Salooner John

Shawnessy, der diesbezüglich zwar über keinerlei Informationen verfügt hatte, aber zu wissen glaubte, das Holliday etwas über den Aufenthalt Rudaboughs wissen könnte. So schickte er einen 14-jährigen Botenjungen zu Doc, der sogleich ins Büro kam und Wyatt die Hand schüttelte. Wenn es dann so gewesen war, so gibt es keinerlei Aufzeichnungen darüber. Die Geschichte findet sich zwar in dem Artikel von Bat Masterson im Jahre 1907 über Holliday wieder, doch in dem, wenn auch nicht veröffentlichten Flood-Manuskript, das nach Wyatts Earps Erinnerungen von dessen persönlichen Sekretär John Henry Flood Jr. zu Papier gebracht worden war, findet sich kein Wort darüber. Laut Wyatt trafen er und Doc sich erstmals in Dodge City.

Einer weiteren Legende nach, kam es in einem der Saloons des Ortes zu einer Auseinandersetzung zwischen Doc und dem bekannten Revolverschwinger Edward „Ed" Bailey, der beim Kartenspiel versucht hatte, zu betrügen. Als Holliday daraufhin den gesamten „Pott" als seinen Gewinn einstrich, zog Bailey wütend seinen Revolver und wurde daraufhin von Doc mit seinem Messer getötet. Danach und weil Bailey viele Freunde in dem Ort hatte, ergab er sich dem Sheriff und der sperrte Doc in Ermangelung einer sicheren Zelle in einem Hotelzimmer ein.

Zu dieser Zeit hatte Holliday bereits seine neue Lebensgefährtin „*Big Nose*" Kate Elder Fisher kennengelernt und diese war (zu Recht) besorgt um das Wohlergehen ihres neuen Gefährten gewesen, denn das Vigilanten-Komitee von The Flat war bekannt dafür gewesen, etwaige Mörder, Diebe und Verbrecher sehr schnell an den nächsten Baum zu hängen. Daher verfiel sie auf die geniale

Idee, einen alten Schuppen in Brand zu setzen, so dass alle, einschließlich der Deputys, die Hollidays Zimmer bewachten, zum Brandort eilten, um durch das gemeinsame Löschen ein Übergreifen der Flammen auf den gesamten Ort zu verhindern. Diese Gelegenheit nutzten Doc und Kate Elder, um dem Ort für immer Lebewohl zu sagen. Sollte es so gewesen sein, so dürfte sich der überstürzte Auszug aus der Stadt nicht im Jahre 1877 ereignet haben, wie so oft berichtet, da bereits im Jahre 1876 ein Haftbefehl gegen Doc in dem Ort vorlag. Demnach hatten er und Mike Lynch am 12. Juni 1875 das „schwere" Verbrechen begangen, zusammen in einem Haus, in dem geistige Getränke verkauft wurden, Karten gespielt zu haben. Am 17. Mai 1876 erließ das Shackleford County Bezirksgericht diesbezüglich die Anweisung:

„Der Staat von Texas, Fall Nr. 34 gegen Mike Lynch & Dock Holladay. Das Gericht ordnet Haftbefehle für die Angeklagten Mike Lynch und Dock Holladay an."

Diese Haftbefehle wurden irrtümlicherweise nicht vollstreckt und Holliday und Lynch nutzten die Gunst der Stunde, um The Flat für immer den Rücken zu kehren. Daher ist es auch recht unwahrscheinlich, dass es einen solchen Feuerzauber 1877 in Fort Griffin überhaupt gegeben hatte. Es gibt keinerlei Akteneinträge oder Zeitungsartikel, die darüber berichtet hätten und auch im Flood-Manuskript von Wyatt Earp erfährt man nichts davon. Kate selber schrieb zwar Jahre später, sie hätte Doc sowie Wyatt und Mattie Earp 1876 in Fort Griffin kennengelernt, verschweigt dabei jedoch ihre Hauptrolle

als „Feuerteufel“ bei ihrer Befreiungsaktion.
Wahrscheinlicher erscheint es, dass sich Kate und Doc erstmals 1877 oder 1879 in Dodge City getroffen hatten, wenngleich auch dieses als nicht gesichert gilt.
Über Kate Elder Fisher war zur damaligen Zeit nur wenig bekannt gewesen, außer dass sie an der Seite von Doc Holliday durch den Westen geritten war.

Geboren wurde Mary Katharine Haroney, so ihr Geburtsname, am 07. November 1850 als ältestes von elf Kindern ihrer Eltern Michael und Katharine Haroney, geb. Baldizar im österreich-ungarischen Pest.
Mary erhielt eine gute Schulausbildung und beherrschte neben der ungarischen Sprache auch fließend Englisch, Französisch und Spanisch. Nach der Auswanderung nach Mexiko wurde Marys Vater der Leibarzt des späteren mexikanischen Kaisers Maximilian I (1832-1867) von Mexiko. Am 26. März 1865 starb ihre Mutter, nur zwei Monate auch ihr Vater. Nach der Entmachtung und Hinrichtung von Maximilian I floh Kate zusammen mit ihren Geschwistern 1867 nach Davenport, Iowa, wo sie in verschiedenen Pflegeheimen unterkamen. Mary kam in die Obhut einer Familie Smith, doch lange hielt sie es dort nicht aus und floh von zu Hause. Als blinder Passagier fuhr sie auf einem Flussdampfer, der sie bis nach St. Louis brachte. Der Kapitän des Dampfers hieß mit Nachnamen Fisher und nachdem der seinen blinden Passagier entdeckt hatte, nahm er Mary in seine Obhut und brachte sie, nun unter dem Namen Kate Fisher, in einer Klosterschule in St. Louis unter, wo sie 1869 eine Ausbildung abschloss.

Wie Doc Holliday, nur aus anderen Beweggründen heraus, zog es Kate weiter in den Westen und um das Jahr 1874 herum siedelte sie nach Dodge City über, wo sie sich nunmehr Kate Elder nannte. Als Prostituierte arbeitete sie nun in jenem Bordell, das interessanterweise von der Frau von James Earp, Nellie „Bessie“ Earp betrieben wurde. Interessanterweise deshalb, weil James Earp der ältere Bruder von Wyatt Earp gewesen war und weil dieser wiederum ein freundschaftliches Verhältnis zu Doc Holliday pflegte. Bei einer Zählung der Bewohner von Dodge 1875 tauchte Kate Elders Name auf der Liste auf und sie arbeitete in Tom Sherman´s Dance Hall.
Die Möglichkeit, dass Kate Elder Doc 1877 oder 1879 in Dodge City kennengelernt hatte, ist also unweit höher, gewesen, zumal die Episode in Fort Griffin 1874 bei näherer Betrachtung wenig plausibel erscheint.

1876 also verließ Doc Holliday Fort Griffin, respektive The Flat und er hatte aufgrund des Haftbefehls gegen ihn auch keinerlei große Ambitionen gehabt, nach dorthin zurückzukehren. Er zog weiter im Westen umher, doch die weiteren Stationen seiner Reise sind eher vage beschrieben. Von Pueblo und Denver in Colorado ist die Rede, wo er sich eine Zeitlang Tom Mckey nannte und wo er im Winter den stadtbekannten Schläger Bud Ryan mit seinem Messer verunstaltet haben soll, als dieser ihn mit seinem Revolver bedroht hatte. Auch für diese Geschichte gibt es, obwohl später von Bat Masterson und Wyatt Earp in Umlauf gebracht, keinerlei Belege. Die nächste Station führte ihn nach Cheyenne, Wyoming, wo er die nächsten drei Opfer zurückgelassen haben soll. Doch wieder fehlen

für diese Behauptung jegliche Beweise. Danach soll er nach Deadwood weitergezogen sein, einer Goldgräberstadt in den Black Hills von Dakota, wo am 02. August 1876 der berühmt-berüchtigte „Wild Bill" Hickok am Spieltisch sitzend von hinten erschossen worden war. Die Kugel stammte jedoch nicht aus Hollidays Revolver, sondern aus dem des Ex-Büffeljägers John *„Broken Nose Jack"* McCall, der für diese Tat ein Jahr später in Yanktown zum Tode verurteilt und gehängt wurde.
Wenn es dann so gewesen war und das „gewesen war" lässt in diesem Falle viel Raum für Spekulationen offen, dann kam Doc in den kommenden zwei Jahren weit im „Good Old West" herum, alleine die Strecke von Fort Griffin nach Deadwood betrug knappe 1.000 Meilen oder umgerechnet 1.609 km, und zwar Luftlinie.
Von Dakota aus führte seine Rundtour wieder zurück in den Süden, nach Kansas, wo er in einer der nächsten Boomtowns aufschlug, die bereits nach ihrer Gründung und als spätere „*Queen of Cattletowns*" einen schon fast legendären Ruf in den Vereinigten Staaten genoss - Dodge City.

Dodge City

Der Ort, wo sich heute Dodge City befindet, war ursprünglich eine Rast- und Reparaturstelle der US-Armee im südwestlichen Kansas, auf dem Weg hinunter nach Mexiko gewesen, mit dem sich die USA zu jener Zeit (1846-1848) im Krieg befanden. An gleicher Stelle wurde 1850 das Fort Atkinson erreichtet, welches 1865 nach dem Ende des Amerikanischen Bürgerkrieges durch das

größere Fort Dodge ersetzt wurde. Der Siedler Henry J. Sitler errichtete östlich von Fort Dodge als erster ein Haus und andere Siedler sollten ihm nachfolgen.
Die Namensgebung der Stadt erfolgte Ende 1872 und benannt wurde sie nach dem Generalmajor der Unionsarmee im Amerikanischen Bürgerkrieg, leitenden Ingenieur der Union Pacific Railroad und späteren US-Senator von Iowa Grenville Mellen Dodge. Zuvor hieß der Ort schlicht „Buffalo City." Als die Atchison, Topeka & Santa Fe Railroad den Ort erreichte, wuchs der 500 Seelen-Ort beständig weiter an und wurde schließlich, ebenso wie Abilene, Caldwell, Newton, Ellsworth und Wichita zu einer Treibherdenstadt für Longhornrinder, die von Texas aus nach Dodge getrieben wurden, bevor sie auf Züge verladen, ihre letzte Reise zu den Schlachthöfen im Osten antraten. Die berühmte Front Street zog sich von Osten nach Westen durch die Stadt und 19 Saloons sorgten dafür, dass sich die texanischen Treiber und Cowboys nach ihrem Trail zur Genüge „austoben" konnten. Darunter befanden sich u. a. der berühmte Long Branch Saloon, der Alamo Saloon, den es auch in Abilene gab, Hoover´s Saloon und der Occiedental Saloon, um nur die bekanntesten zu nennen. Diese Gebäude zogen sich nördlich der Front Street parallel zu den Eisenbahnschienen hin. Außer den Saloons besaß Dodge eine Reihe von Geschäften sowie das Dodge House und das Lady Gay Theatre, welches 1878 in Comique umgetauft wurde und in dem berühmte Künstler wie z. B. Eddie Foy auftraten.

Dodge City dürfte also ganz nach Doc Hollidays Geschmack gewesen sein, als er den Ort im Sommer 1878 erreicht hatte. Am 08. Juni versuchte er sich abermals in seinem alten Beruf und in der „*Dodge City Times*“ konnte man an jenem Tage lesen:

„J. H. Holliday, Zahnarzt, offeriert sehr respektvoll den Bürgern von Dodge City und der umgebenden Gebiete während des Sommers seine Dienste an. Praxis im Zimmer 24, Dodge House. Bei Unzufriedenheit wird das Geld zurückerstattet.“

Bei näherer Betrachtung der Anzeige fällt auf, dass die Praxis nur über die Sommermonate hinweg geöffnet hatte und dass sie bereits zum Herbstanfang hin wieder geschlossen werden sollte. Dazu muss man wissen, dass Dodge City zur Hauptsaison im Sommer zwar ein recht lebhafter „brummender Bienenkorb“ gewesen war, doch über die Wintermonate hinweg war die Stadt sozusagen tot und ausgestorben gewesen, da die texanischen Cowboys wieder zurück in den Süden gezogen waren, gefolgt von den Spielern, die bekanntlich dem Geld folgten. Allerdings war Docs Praxis auch nur selten frequentiert gewesen und das lag hauptsächlich daran, dass er schon bald wieder zu seinen Lieblingsbeschäftigungen, dem Trinken und Spielen in einem der zahlreichen Saloons der Stadt zurückgekehrt war.
Interessanterweise erschien neben Hollidays Artikel in derselben Ausgabe auf derselben Seite eine Mitteilung des Stadtrates, in der die Gehälter der Polizeitruppe festgelegt und genehmigt wurden. Einer der wackeren Ordnungshüter war Wyatt Earp, der als Assistent-Marshal an der Seite von City-Marshal Charles E. „*Charlie*“ Bassett

ein monatliches Gehalt von 75 Dollar erhielt.
Anders als die Geschichte von Fort Griffin belegen diese beiden Artikel also, dass sich Doc Holliday und Wyatt Earp zum ersten Mal nachweisbar an demselben Ort zur selben Zeit aufgehalten hatten uns anders, als die meisten Zeitgenossen, schien Wyatt Earp auch der einzige Freund von Doc gewesen zu sein. Den Grund dafür liefert Wyatt selber, als er in einem Interview im „*San Francisco Examiner*" vom 02. August 1896 meinte, dass Doc Holliday ihm in Dodge City einmal das Leben gerettet hatte, als ein Cowboy in seinem Rücken einen Revolver ziehen wollte, um ihn zu erschießen. Doc stieß einen Warnruf aus und setzte den Attentäter noch im selben Moment außer Gefecht.
Da Wyatt stets und zeit seines Lebens behauptet hatte, das Doc ihm einmal das Leben gerettet hätte, muss man wohl davon ausgehen, dass seine Aussage wohl auch der Wahrheit entsprach. Ob es sich bei dem Ort des Geschehens auch tatsächlich um Dodge City gehandelt hatte oder um einem anderen Ort, sei skeptischer Weise einmal dahingestellt, denn anders als in Dallas, behielt Doc seine Pistolen in Dodge im Holster und es ist in keinem der damaligen Berichte erwähnt, dass ein schmächtiger, kränkelnder Zahnarzt bei irgendeinem bewaffneten Disput einen Mann getötet hätte. Auf jeden Fall entwickelte sich eine Freundschaft zwischen den beiden Männern, die über die Jahre hinweg Bestand haben sollte.
Anzumerken wäre noch, dass es genau wie z. B. in Abilene oder Wichita ein Verbot des Tragens von Feuerwaffen innerhalb der Stadtgrenzen von Dodge City gab. Wenn also Holliday eine Waffe gezogen hätte, um damit

Wyatt das Leben zu retten, dann hatte er sie sehr wahrscheinlich in seiner Jackentasche, im Schulterholster oder sonst wie unter der Kleidung versteckt gehalten, um dieses Waffentrageverbot elegant zu umgehen.
Es gibt Anhaltspunkte dafür, dass Holliday seine Lebensgefährtin Kate Elder tatsächlich erst 1878 in Dodge City und nicht 1876 in Fort Griffin kennengelernt hatte. Da Kate als Prostituierte arbeitete und Doc sich abseits des Pokertisches auch auf andere Art und Weise zu amüsieren versucht hatte, liegt es im Bereich des Möglichen, dass er und Kate sich bei solch einem Schäferstündchen getroffen haben dürften. Mehr noch, sie blieben ein Paar.
Es ist zu vermuten, dass Kate und Doc die Stadt Ende 1878 zusammen verließen, ohne dass es zuvor nicht doch noch eine Schießerei (allerdings ohne Docs Beteiligung) in der Stadt gegeben hätte. Am 26. Juli 1878 gegen drei Uhr morgens ritt der texanische Cowboy George Hoyt mit einigen seiner Kumpanen in übermütiger Manier am Lady Gay Saloon vorbei, wobei sie Schüsse aus ihren Sechsschüssern abgaben, Wyatt Earp und Jim Masterson, die zusammen auf der Veranda des Lady Gay gestanden hatten, erwiderten das Feuer, wobei Hoyt in den Arm getroffen wurde und aus dem Sattel fiel. Obwohl die Verletzung auf dem ersten Blick nicht so schlimm aussah, so entzündete sich die Wunde dennoch und Hoyt, der gegen Kaution auf freiem Fuß gesetzt worden war, starb trotz hervorragender ärztlicher Versorgung vier Wochen später.

Ende 1878 oder zu Beginn des Jahres 1879 erreichten Doc und Kate zusammen die Spielerstadt Las Vegas im New Mexiko-Territorium. Erneut versuchte er sich dort als Zahnarzt und eröffnete im Frühjahr 1879 erneut eine Praxis in der Stadt. Doch schon im Juli betrieb Holliday zusammen mit seinem Partner Jordan L. Webb einen Saloon mit angeschlossener Spielhalle an der Centre Street. Der nächste Ärger ließ dann auch nicht lange auf sich warten. Im März 1879 wurde er beschuldigt, einen Spieltisch betrieben zu haben. Eine nächste Anklage vom 5. August lautete, dass er eine tödliche Waffe getragen hatte, und zwar nicht zur Selbstverteidigung oder zum Zwecke der Verteidigung von Familie und Eigentum. Am 12. August wurde er erneut beschuldigt, diesmal hatte er am 01. August ein illegales Montespiel geleitet. Das waren beileibe keine großen Verbrechen gewesen, dennoch wurden zwei Haftbefehle gegen Holliday erlassen, jedoch nicht vollstreckt, da er und Kate zu der Zeit nicht auffindbar gewesen waren.

Der Legende nach soll Holliday auch in Las Vegas seinen angeblichen Toten zurückgelassen haben und getötet wurde der Mann auch tatsächlich, wobei es sogar zwei voneinander abweichende Daten für das Ereignis gab, nämlich der 19. oder der 26. Juli, je nach Lesart. Ob allerdings Holliday den Finger am Abzug gehabt hatte, darüber schweigt sich die „*The Gazette*“ aus:

„Gordon stand auf der Straße rechts der Tanzhalle, stieß Drohungen aus, zog einen Revolver und schoss. Die Kugel durchschlug das Hosenbein eines Mexikaners und blieb in den Boardwalks stecken (...) Sofort darauf wurden andere Schüsse abgegeben, aber es ist schwer zu sagen, wie und von wem. Es heißt, Gordon schoss ein zwei-

tes Mal. Jeder der Anwesenden sagte, es wären drei Schüsse gewesen, während andere behaupteten, es wären fünf gewesen."

In dem Artikel wird Hollidays Name nirgends erwähnt, so dass es erhebliche Zweifel darüber gibt, ob er dem ehemaligen US-Scout Mike Gordon die tödliche Kugel persönlich verpasst hatte, denn Gordon starb nur wenige Stunden später an seiner Verwundung. Vielleicht war Doc einer der Schützen gewesen, die sich bemüßigt gefühlt hatten, Gordon eine passende Antwort auf seine Schüsse zu geben, doch letzte Anhaltspunkt dafür fehlen gänzlich. Ähnlich verhielt es sich mit einer weiteren Schießerei, die sich ebenfalls in Las Vegas, ein Jahr später im Juni 1880 abgespielt haben soll. Das Opfer hieß Charley White und er war vormals Barkeeper in Dodge City gewesen, bevor er einen Streit mit Holliday hatte und von diesem aus der Stadt gejagt wurde, wobei er zu White gemeint hatte, dass er ihn töten würde, falls er ihm noch einmal über dem Weg laufen würde. Der Westen der USA war anscheinend doch nicht so groß gewesen wie behauptet, denn Holliday traf im Plaza Hotel Saloon in Las Vegas tatsächlich abermals auf White, der dort als Barkeeper arbeitete. Aufgehoben war also nicht aufgeschoben und beide Männer schossen ihre Revolver leer, ohne dass einer von ihnen einen Treffer anbringen konnte. Schließlich sackte White zu Boden und blieb dort mit glasigen Augen liegen, nicht etwa, weil eine von Docs Kugeln ihn getroffen hätte, sondern eher durch den Schock des plötzlichen Wiedersehens und der Schießerei mit seinem Kontrahenten. Als White am Boden lag, war Holliday wohl der Überzeugung gewesen, seinen Gegner ausgeschaltet zu haben und zufrieden damit verließ er wenig später die Stadt. Als White später wieder zu sich kam, packte er eiligst seine sieben Sachen zusammen und verließ den Ort in Richtung Boston, ohne dass er jemals wieder in den Westen zurückgekehrt wäre. Auch für diese Schießerei gibt es - sie ahnen es bereits - keine Zeitungsberichte oder irgendwelche Gerichtsakten, in denen Holliday für diese (Un)tat erwähnt worden wäre. Allerdings gab es diesmal einen durchaus glaubwürdigen Augenzeugen für diese Schießerei, nämlich Miguel Antonio Otero, der später das Amt des Gouverneurs von New Mexiko bekleiden sollte:

„Die beiden Männer standen sich gegenüber und begannen zu schießen. Sie schossen und schossen, ohne dass einer von ihnen einen Treffer erzielte. Schließlich lag White am Boden - betäubt, aber nicht getötet.“

In diesem Falle also liegt es wohl im Rahmen des Wahrscheinlichen, dass sich dieser Schusswechsel tatsächlich so abgespielt hatte, denn Otero hatte einen guten Leumund zu jener Zeit gehabt.

Anders als in manchen Berichten, flohen Doc und Kate nach dem Tod von Mike Gordon nicht überstürzt aus East Las Vegas, sondern zogen durch New Mexiko, wo man ihn an den Spieltischen von Albuquerque und Santa Fe anzutreffen pflegte. Als der Winter 1879/80 ins Land gezogen war, befanden sich beide in Prescott, Arizona-Territorium, wo Doc angeblich eine größere Summe an den Spieltischen der Stadt gewann. Berichte sprechen von einer Summe von über 20.000 Dollar - allemal genug, um den Ort wieder zu verlassen und sich rasch einer neuen Boomtown zuzuwenden, die gerade dabei war, sich zur vollen Blüte zu entwickeln - Tombstone.

Doc Hollidays Mutter Alice Jane McKey
(1829-1866)

Henry Burroughs Holliday
(1819-1893)

Doc Hollidays Elternhaus in Valdosta, Georgia

Martha Ann „Mattie“ Holliday
(1849-1939)

John Henry Holliday, um 1868

Der Bahnhof von Valdosta, Georgia

Die Elm Street von Dallas, Texas im Jahre 1900

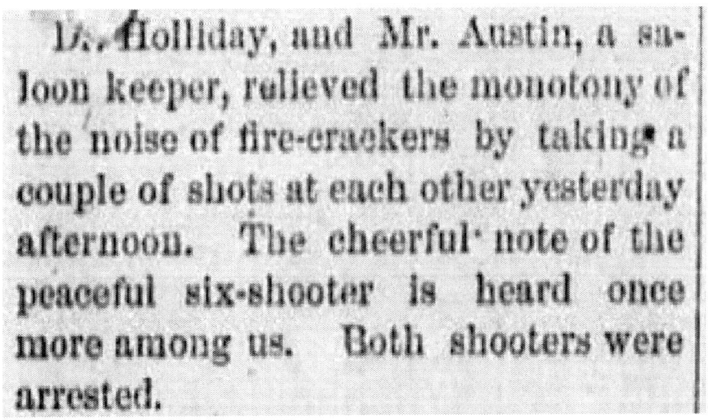

Dr. Holliday, and Mr. Austin, a saloon keeper, relieved the monotony of the noise of fire-crackers by taking a couple of shots at each other yesterday afternoon. The cheerful note of the peaceful six-shooter is heard once more among us. Both shooters were arrested.

Der „*Dallas Weekly Herald*“ in einer kurzen Notiz über den Holliday-Austin-Kampf in Dallas zu Beginn des Jahres 1875.

In Dodge City, Kansas lernte Doc Holliday seine spätere Lebensgefährtin Kate Elder Fisher (1850-1940) kennen und reiste mit ihr durch den Westen.

Die Front Street von Dodge City, Kansas. Das Tragen von Feuerwaffen innerhalb der Stadtgrenzen ist verboten.

Das Innere des Long Branch Saloons in Dodge City.

Wyatt Earp, Assistant Marshal von Dodge City und Freund von Doc.

William B. „Bat“ Masterson, Sheriff des Ford Countys und kein Freund von Doc.

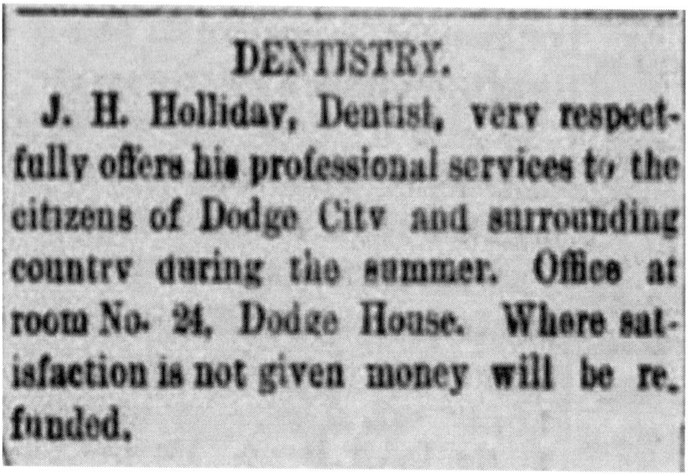

DENTISTRY.

J. H. Holliday, Dentist, very respectfully offers his professional services to the citizens of Dodge City and surrounding country during the summer. Office at room No. 24, Dodge House. Where satisfaction is not given money will be refunded.

Zeitungsartikel in der Dodge City Times, in dem Doc Holliday den Einwohnern von Dodge City seine Dienste als Zahnarzt während des Sommers offeriert.

Die Bridge Street von Las Vegas im Jahre 1895

Tombstone

Das Arizona-Territorium war im Frühjahr 1879 ein höchst unsicherer Ort für weiße Siedler gewesen. Immer wieder brachen Apache-Gruppen aus Ihrer Reservation aus und zogen mordend und brandschatzend durch das Land.
Trotzdem gab es immer wieder Männer, die - Apachengefahr hin, Apachengefahr her - das Territorium durchstreiften, zumeist Goldsucher, die hofften, hier zu Reichtum zu kommen.
Einer dieser Prospektoren war Edward Lawrence "*Ed*" Schieffelin, der zu Beginn des Jahres 1879 das Militär-Camp Huachuca, das spätere Fort Huachuca südwestlich des späteren Tombstone verließ, um das Territorium (Arizona) auf der Suche von Bodenschätzen zu durchstreifen. Bevor er sein Bündel packte und das Camp verließ, gaben ihm die dort stationierten Soldaten noch die Warnung mit auf dem Weg, dass er dort draußen nichts anderes als seinen Grabstein (engl. Tombstone) finden würde, womit der Name der neuen Boomtown denn auch relativ einfach erklärt wäre.
Schieffelin hatte tatsächlich Glück gehabt, denn zum einen behielt er seinen Skalp auf dem Kopf und zum anderen fand er am 05. März tatsächlich eine vielversprechende Silberader, die zunächst einige Hunderte und danach Tausende von weiteren Glücksrittern anlockte, nachdem die Nachricht von den Silberfunden publik geworden war. In der Nähe von Schieffelins Mine entstand rasch der Ort Goose Flats, welcher ein halbes Jahr später bereits wieder aufgelöst und einige Meilen weiter östlich neu aufgebaut wurde. Er wurde nach Schieffelins

erster gegründeten Mine - „Tombstone“ - getauft.
Der Ort selber befand ich im südöstlichen Zipfel von Arizona, ca. 42 km von der mexikanischen Grenze nach Sonora und etwa 100 km südöstlich von Tucson entfernt. Sie wurde zu Füßen der Tombstone Hills mit ihren Silberminen wie der Lucky Cass, Toughnut und der Contention errichtet und befindet sich auch heute noch in der Nachbarschaft von Bisbee, Benson und Willcox, die allesamt 1880 nach Tombstone gegründet wurden.
Der Ort wurde hauptsächlich von Minenarbeitern besiedelt, doch auch Cowboys aus dem Umland, Geschäftsleute und Minenbesitzer lebten in der Stadt. Dazu kamen - unvermeidbarer Weise ist man an dieser Stelle geneigt zu sagen - auch noch die Glücksritter, Spieler, Prostituierten und andere mehr oder weniger zwielichtige Exemplare der Gattung Mensch hinzu, die in Tombstone ein lukratives Geschäft witterten. Dazu zählten am Ende auch Wyatt Earp, der Kansas den Rücken gekehrt hatte und zusammen mit seinen Brüdern James und Virgil und ihren Frauen Mattie, Bessie und Allie am 01. Dezember 1879 den Ort erreicht hatten. Morgan Earp sollte ihnen eine Woche später mit Frau Louisa „Lou“ nachfolgen.
Die Stadt selber war nach quadratischen Muster angelegt, wobei sich die vier Straßen - Safford, Toughnot, Allen und Fremont Street - von Westen nach Osten und sechs (später neun) weitere Straßen von Norden nach Süden durch die Stadt zogen. Letztere besaßen keinen Namen und wurden der Einfachheit halber von eins bis sechs durchnummeriert.
Westlich der Stadt lebten hauptsächlich Mexikaner, im sogenannten Hope Town hingegen die Chinesen, zu de-

nen man ging, wenn man das Bedürfnis verspürte eine Opiumpfeife rauchen zu wollen. Ab der Sixth Street begann der Rotlichtbezirk mit seinen Prostituierten, zu denen man ging, wenn man denn noch andere Gelüste verspürt hatte. Ganz am Rande der Stadt befanden sich die einfachen Hütten der Minenarbeiter und die Zelte derjenigen Personen, die sich eine solche nicht leisten konnten.
Die meisten Wohnstätten in Tombstone waren einfache einstöckige Adobe-Häuser gewesen, doch es gab auch andere, wie das Cosmopolitan Hotel an der Allen Street. Es wurde ursprünglich von Carl Bilicke gegründet und bestand am Anfang aus einem einfachen Zelt, in dem eine einfache Theke, (wahrscheinlich einige Holzplanken, die auf zwei Fässern ruhten), Tische und Holzschemel untergebracht waren. Bereits ein paar Monate später besaß das Hotel zwei Stockwerke mit rund 50 Betten aus schwarzem Walnuss- und furniertem Rosenbaumholz, einen Extra-Raum nur für Frauen sowie Tombstones erstes Piano. Dazu kamen es eine Bar, ein Restaurant und einen Merchandising Room. Die Veranda wurde von einer Reihe von Orangenbäumchen flankiert und zu jener Zeit war es das schönste Gebäude der Stadt und darüber hinaus am 22. Juni 1880 auch Schauplatz einer Schießerei zwischen Mike Kileen und dem Gunfighter „Buckskin“ Frank Leslie gewesen, der ein Verhältnis zu Kileens Ehefrau May pflegte, sehr zum Unwillen Kileens, der Leslie mit dem Revolver bedroht und bei dieser Auseinandersetzung den Kürzeren gezogen hatte.
Hatte das Cosmopolitan bereits zwei Stockwerke aufzuweisen gehabt, so besaß das schräg gegenüberliegende Grand Hotel derer sogar drei. Der berühmte Crystal Pala-

ce Saloon stand an der Ecke Fifth und Allen Street und er tut es heute immer noch. Ursprünglich als Golden Eagle Brewing Company gegründet, wurde das Gebäude später erweitert und auch Virgil Earp wohnte eine Zeitlang dort. Als 1881 ein Feuer in Tombstone wütete, war der Golden Eagle einer der wenigen Gebäude gewesen, das beinahe unversehrt geblieben war. Ein zweites Feuer 1882 sollte den Saloon dann jedoch nicht mehr überleben und als man die verkohlten Reste beiseite geräumt hatte, wurde an derselben Stelle ein neues Gebäude errichtet, welches dann den Namen Crystal Palace Saloon erhielt.
Weitere Orte der nächtlichen Umtriebe in Tombstone waren der Alhambra Saloon und das am 25. Dezember 1881 von Billy und Lottie Hutchinson eröffnete Bird Cage Theatre an der Allen Street, welcher einer der gefährlichsten Orte in der Blütezeit der Stadt gewesen war. Es bot seinen Gästen eine abwechslungsreiche Palette von Vergnügungen an, die von Varieté-Auftritten verschiedener Künstler bis hin zur Prostitution reichten. Letzteres geschah in den zwölf Balkonlogen, in denen „lockere Vögel“ ihrem Gewerbe nachgingen. Schauspieler und Artisten bangten hier zu Recht um ihr Leben. So behauptete der zweitklassige Zauberer Charles Andress bei einer seiner Vorstellungen einmal, er könne Geschosse mit seinen Zähnen auffangen. Dazu gab sein Assistent einen Schuss aus seinem lediglich mit Platzpatronen geladenen Revolver auf Andress ab und der spie eine Revolverkugel aus, die er zuvor im Mund versteckt gehalten hatte. Plötzlich jedoch zog einer der betrunkenen Cowboys seinen Revolver und rief: „*Fang die mal, Professor!*“ Doch bevor er den Abzug betätigen konnte, schlug einer der ne-

benstehenden Gäste ihm auf den Arm und die Kugel ging daneben, während Andress mit weniger würdiger Haltung und schlotternden Knien die Bühne verließ.
Alleine im Bird Cage sollten über 25 Menschen durch Gewalttaten ums Leben gekommen sein, obwohl die Besitzer des Theaters ihre eintretenden Gäste stets aufgefordert hatten, ihre Sechsschüsser unbenutzt zu lassen, eine Bitte, die von den Cowboys in der Regel nicht eingehalten wurde, denn schon bald waren Decke und Wände des Theaters von über 100 Geschosslöchern durchsiebt gewesen. Möglicherweise geistern die Seelen der Toten sogar heute noch dort herum, denn es gab und gibt bis in die heutige Zeit hinein immer wieder Augenzeugen, die von paranormalen Aktivitäten in und um das Birdcage herum berichteten. Die Gräber der restlichen Toten, die durch Gewalttaten ums Leben gekommen waren, findet man derweil auf dem 1878 angelegten Friedhof, dem Boothill.

Eine Eisenbahnstrecke nach Tombstone, dem Verwaltungssitz des Cochise County, gab es zu jener Zeit noch nicht. Eine Eisenbahnstrecke erreichte 1880 zwar die ca. 97 km entfernte Stadt Tucson, doch erst im Jahre 1904 dampfte die erste Lokomotive in Tombstone ein. Bis dahin mussten die Bürger der Stadt mit der Postkutsche zu den umliegenden Orten fahren, nach dorthin reiten, oder wer kein Pferd besessen hatte, seine zwei gesunden Beine und Füße benutzen.
Eine Anzahl von Personen ihrer Zeit, denen man, wenn möglich, nachts nicht über den Weg laufen wollte, tummelten sich in Tombstone herum, unter ihnen die Gunfighter Johnny Ringo, „*Buckskin*“ Frank Leslie, William

„*Curly Bill*“ Brocius, und nicht zu vergessen - natürlich auch John Henry Holliday!

Doc, der nach seinem Aufenthalt in Prescott im Juni 1880 in die Silberminenstadt einritt, im Anhang Kate Elder und im Gepäck eine stattliche Anzahl von Dollarnoten, die er seinen Mitspielern in Prescott abgeluchst hatte, wurde dort von den Earps herzlich in Empfang genommen, so das Wort herzlich denn auch für alle Mitglieder der Earp-Familie zutraf. Die beiden ließen sich nach ihrer Ankunft in einem Haus an der Ecke Allen und Sixth Street nieder, welches sich bezeichnenderweise zwischen einem Bestattungsinstitut und einem Weinhaus befand und welches in der Folgezeit von Kate schnell zum größten Bordell der Stadt ausgebaut wurde, während Doc an den Spieltischen der Stadt seinen Teil zum Lebensunterhalt beisteuerte.

In der Stadt selber konnte man zwei Fraktionen unterscheiden. Da waren zum einen die Bewohner der Stadt, die Minenarbeiter mit ihren Familien, Geschäftsleute, Anwälte, Bänker u. a. m. denen auf der anderen Seite die Cowboy-Fraktion aus dem Umland, sozusagen die „Natives“ gegenüberstanden, die dort bereits siedelten, noch bevor Schieffelin prüfend sein erstes Stück Silber in Augenschein genommen hatte. Sie waren hauptsächlich Rancher gewesen, die sich dem Rindergeschäft in dem Land widmeten, sich aber auch nicht zu Schade dafür gewesen waren, ihre Herden durch einige gestohlene mexikanische Longhorns zu vergrößern, um sie dann gewinnbringend in den USA zu verkaufen, dazu lag die

Grenze zur mexikanischen Provinz Sonora hin einfach zu verlockend nahe.
Zu ihnen zählten insbesondere Old Man Clanton zusammen mit seinen Söhnen Isaac „*Ike*“, William „Billy“ und Phineas „*Phin*“ Clanton, allesamt nebenberuflich als Pferde- und Viehdiebe unterwegs gewesen. Zu ihnen gesellten sich eine stattliche Anzahl von Männern, die ihre Gefährlichkeit bereits an anderen Orten der USA nachdrücklich unter Beweis gestellt hatten, insbesondere Johnny Ringo und William „*Curly Bill*“ Brocius als auch andere zwielichtige Charaktere ihrer Zeit, die man in einem der zahlreichen Etablissements der Stadt anzutreffen pflegte.
Reibereien zwischen den Cowboys aus den ehemaligen Südstaaten und den Stadtbewohnern, in der Mehrzahl republikanische „Nordstaatler“, blieben somit nicht aus, zumal Virgil Earp zu jener Zeit das Amt eines US-Deputy-Marshals bekleidete, während sein Bruder Wyatt Deputy Sheriff für das angrenzende Pima County unter Sheriff Charles Shibell von Tucson gewesen war. Ihr Gegenspieler hieß Sheriff John „Johnny“ Behan, der Gesetzeshüter des 1881 gegründeten Cochise Countys geworden war. Er stand den Cowboys aus dem Süden, was seine Sympathien anbelangte, weitaus näher, als Doc Holliday und der Familie Earp, was u. a. auch daran gelegen hatte, dass Wyatt ihm später seine Geliebte Josie „Saddie“ Marcus ausspannte, woraus sich eine Feindschaft zwischen den beiden Männern entwickeln sollte. Ihretwegen sollte sich Wyatt von seiner Frau Mattie trennen und er und Saddie wurden später ein glückliches Paar.

Wäre Doc, ohne die Earps jemals kennengelernt zu haben, nach Tombstone gekommen, um hier als Spieler ein paar Dollarbündel mitzunehmen, so wäre die Geschichte der USA und speziell die von Tombstone eine andere gewesen. So aber wurde er in die nachfolgenden Ereignisse als einer der Hauptprotagonisten mit hineingezogen und legte damit einen großen (von vielen kleineren Steinen einmal abgesehen) Grundstein für seine spätere Legendenbildung. Wyatt Earp war, wenn man so wollte, Docs einziger Freund im Westen gewesen und selbst der Kontakt zur eigenen Familie war, bis auf dem mit Mattie Holliday, bereits zur Gänze abgebrochen gewesen. Und Wyatt selber, der den Stern des Gesetzes einer Stadt eigentlich schon in Dodge City abgelegt hatte, bekam schon recht bald einige Probleme in Tombstone, in die Holliday, eher gewollt als ungewollt, unmittelbar mit hineingezogen wurde oder hin und wieder selber für Ärger in der Stadt sorgte.
Anfang Oktober 1880 kam es - man ahnt es schon - zu einer weiteren für Holliday typischen Schießerei in Tombstone. Der Ort des Geschehens war der schon besagte Oriental Saloon, wo Doc mit dem Spieler Johnny Tyler in Streit geriet, wobei Doc die ganze Angelegenheit gleich vor Ort ausschießen wollte. Tyler jedoch, der nicht begierig darauf gewesen war, zu schauen, wie gut Holliday mit dem Revolver umzugehen vermochte, machte auf dem Hacken kehrt und suchte sein Heil in der Flucht. Als Nächstes setzte dann der Besitzer des Oriental Milt Joyce den Streit mit Holliday fort. Joyce war der Geschäftsführer des Oriental gewesen, wobei Wyatt Earp als Teilhaber des Etablissements eingetragen gewesen war. Trotz-

dem mochte Joyce die Earps und Holliday nicht und er hatte eine Menge Gerüchte über sie im Umlauf gebracht, die sie alle in Misskredit gebracht hatten.
Als sich der Streit seinem Höhepunkt genähert hatte, setzte Joyce Holliday an die frische Luft. Doch der kam bald darauf in den Saloon zurück und feuerte mehrere Schüsse aus seinem Revolver ab. Eine Kugel traf Joyce in den Daumen, eine weitere durchschlug den Zeh eines Mannes namens Parker. Joyce feuerte ebenfalls einen Schuss ab, der Holliday jedoch verfehlte. Dann zog ihm Doc den Revolver über den Schädel und damit war die ganze Sache für ihn erledigt gewesen, jedenfalls für den heutigen Tag. Gegen Holliday wurde ein Haftbefehl erlassen und er wurde angeklagt, eine tödliche Waffe abgefeuert zu haben, mit der Absicht jemanden damit zu töten. Am 12. Oktober 1880 erschien er im Gewahrsam von City-Marshal Fred White vor Gericht und die Anklage wurde von einer versuchten Tötung auf Körperverletzung abgemildert. Doc bezahlte seine Strafe in Höhe von 31,25 Dollar und war wieder ein freier Mann.
Bereits wenige Tage später hatte Tombstone dann aber tatsächlich einen Toten zu verzeichnen gehabt, wobei sich Wyatt Earp auch gleich seinen eigenen persönlichen und unversöhnlichen Feind geschaffen hatte. Dazu Wyatt später als Zeuge während der Gerichtsverhandlung:

„Am 27. Oktober letzten Jahres war ich Deputy Sheriff und wohnte in Tombstone (...) Ich befand mich gerade im Saloon von Billy Owen, als ich mehrere Schüsse hörte (...) Ich lief hinaus auf die Straße und lief zu jener Stelle, ungefähr einen Block entfernt, wo ich ein Mündungsfeuer

gesehen hatte (...) Dort traf ich auf meinen Bruder Morgan und einen weiteren Mann namens Fred Dodge. Ich fragte meinen Bruder, wer dort schösse und er meinte, dass er es nicht wisse und dass es wohl irgendwelche Burschen wären, die hinter das Gebäude gelaufen seien. Ich bat ihn um seinen Revolver und er verwies mich an Dodge. Nachdem ich dessen Revolver genommen hatte (...) lief ich um das Gebäude herum. Noch ehe ich den Ort der Schießerei erreicht hatte, hörte ich, wie White sagte: „Ich bin Polizeibeamter, gib mir deinen Revolver.“ Ich sah, wie der Angeklagte (Curly Bill) seinen Revolver aus dem Holster zog und White dessen Lauf ergriff (...) Beide hielten die Waffe fest. Ich packte den Angeklagten von hinten mit beiden Armen (...) White sah mich und sagte: „Du verdammter Hurensohn, nun gib mir endlich deinen Revolver!“ Er zog am Lauf und ein Schuss löste sich. White hielt den Revolver in der Hand, der zu Boden fiel, als er stürzte. Ich hob die Waffe auf und White stöhnte: „Ich bin getroffen!“ (...) Als sich der Schuss löste, schlug ich den Angeklagten mit meinem Sechsschüsser nieder.“

Am Ende wurde *Curly Bill* wegen des tödlichen Schusses auf White vor Gericht zwar freigesprochen, da u. a. White kurz vor seinem Tode ausgesagt hatte, dass Brocius nicht schuld daran gewesen war, dass sich ein Schuss gelöst hatte, doch *Curly Bill* sollte Wyatt die grobe Behandlung, die er durch ihn erfahren hatte, nicht mehr verzeihen. Nach Whites Tod wurde Virgil Earp vorübergehend als City-Marshal eingesetzt, bis er dann bei der nächsten Marshals-Wahl von Ben Sippy abgelöst wurde.

Bemerkenswerterweise und entgegen manchen Klischees über die berühmten Gunfighter vergangener Tage, hatten Wyatt als auch Morgan an jenem Abend keinerlei Waffe getragen, so dass sich Wyatt einen Sechsschüsser von Fred Dodge leihen musste, bevor er zum Tatort geeilt war. Auch war Wyatt schon in seiner Zeit als Gesetzeshüter in Dodge bekannt dafür gewesen, dass er seine Kontrahenten vorzugsweise mit einem Schlag mit seinem Revolver auf dem Kopf außer Gefecht setzte, statt sie gleich über den Haufen zu schießen.
Doc, der fest zu Wyatt gehalten hatte, machte sich derweil Johnny Behan zum Feind, indem er in der Stadt herum posaunte, dass er dessen Frau (Josie) Geld gegeben hätte, damit ihr Lebenspartner Behan es sich überhaupt leisten konnte, zu spielen, sehr zum Gespött der anderen Spieler in der Stadt. Ob Doc Josie tatsächlich Geld geliehen hatte, darf an dieser Stelle stark bezweifelt werden. Eher wahrscheinlich war es gewesen, dass er Behan in seiner schwarz-humorigen Art einfach nur lächerlich machen wollte und Behan dankte es ihm auf seine Weise, denn neben Wyatt Earp hasste er nun auch Doc Holliday.

Der Rest des Jahres 1880 verging für die Verhältnisse in Tombstone relativ ruhig, doch 1881 sollte das turbulenteste Jahr für die Silberminenstadt werden. Es begann schon früh am 10. Januar, als der Alhambra Saloon von *Curly Bill* und seinen Cowboys fast in seine gesamten Bestandteile zerlegt worden war, während die Earps unbeteiligt daneben gesessen hatten, um sich das ganze „Gemetzel“ mehr oder weniger amüsiert anzuschauen.
Doc Holliday hingegen war zu dieser Zeit weniger amü-

siert gewesen sein, denn er und Kate tranken mehr Alkohol, als er ihnen guttat und beide stritten sich nur noch, wenn sie „nach Feierabend“ zusammen gewesen waren. Irgendwann im Frühjahr 1881 hatte Doc schließlich genug von ihr gehabt und er setzte Kate vor die Tür.
Ungefähr zur selben Zeit wurde eine Postkutsche der Kinnear & Co am 15. März 1881 in der Nähe von Contention City überfallen. Die Räuber hatten es dabei auf eine Kiste Gold der Wells & Fargo abgesehen. Einer der acht Räuber gab zwei Schüsse ab, wovon einer den Fahrer Bud Philpot tödlich traf. Einer der Wachleute der Wells & Fargo Bob Paul ergriff daraufhin die Zügel und raste mit der Kutsche davon, während er sich die Räuber mit einem Gewehr vom Leibe hielt. Erst als er das Gespann später zum Stehen gebracht hatte, bemerkte er, dass einer der acht Passagiere - Peter Roerig - ebenfalls von einer Kugel tödlich getroffen worden war.
Als die Nachricht von dem Überfall Tombstone erreicht hatte, schlug sie dort hohe Wellen, zumal Bud Philpot ein geachteter und beliebter Mann in der Stadt gewesen war.
Eine Posse, bestehend aus Bob Paul, Wyatt, Virgel und Morgan Earp, dem Wells & Fargo-Agent Marshall Williams und Bat Masterson setzten sich daraufhin auf die Spur der Banditen. Mit weit weniger Eifer folgten ihnen Johnny Behan zusammen mit seinem Deputy William Breckinridge und „*Buckskin*“ Frank Lesley.
Den Männern gelang es schließlich einen der Räuber gefangenzunehmen, der gestand, während des Überfalls die Pferde gehalten zu haben, während drei andere Männer, darunter auch Hollidays alter Bekannter William „*Bill*“ Leonard die Kutsche überfallen hatten. Aufgrund dieser

Bekanntschaft rückte Holliday dann auch bald in den Fokus der Ermittlungen und gewisse Kreise streuten das Gerücht, dass in Wahrheit Doc der Drahtzieher des Überfalls gewesen war, zumal er sich am Spätnachmittag desselben Tages ein Pferd aus Dunbars Mietstall geliehen hatte, damit nach Charleston geritten war, um dort nach eigenem Bekunden an einem großen Pokerspiel teilzunehmen. Als er Charleston jedoch erreicht hatte, musste er feststellen, dass das Spiel dort bereits beendet gewesen war, so dass er sich wieder auf dem Rückweg nach Tombstone gemacht hatte. Dort hatte er dann nach eigenem Bekunden bis zum frühen Morgen im Alhambra gepokert. Für Docs Aussage gab es genug Zeugen, die für ihn aussagten, andere behaupteten (allerdings ohne irgendeinen Beweis), dass Doc in Wahrheit hinter dem Überfall gesteckt hatte. Einer bzw. eine von ihnen war ausgerechnet Kate Elder gewesen, die schwer alkoholisiert eine eidesstattliche Erklärung abgab, die besagte, dass Doc ihr gestanden hätte, Bud Philpot erschossen zu haben. Doc wurde daraufhin verhaftet und erst gegen eine Kaution von 5.000 Dollar vorläufig wieder auf freiem Fuß gesetzt. Als Kate, schließlich wieder zu klarem Verstand gekommen war und ihre Aussage zurückgenommen hatte, kehrte sie reumütig zu ihrem Gatten zurück und versuchte ihm zu erklären, dass Johnny Behan und Milt Joyce sie unter Alkohol gesetzt und ihr ein Schriftstück zur Unterschrift dargereicht hätten, dessen Inhalt sie sich nicht wirklich durchgelesen hatte. Daraufhin kam es zu einem großen Wutausbruch Hollidays, der damit endete, dass er Kate abermals aus dem Haus hinauswarf. Sie ertränkte ihren Kummer daraufhin abermals im Alkohol

und fand sich am nächsten Morgen in einer der kargen Gefängniszellen der Stadt wieder, wo sie ihren Rausch ausgeschlafen hatte. Mit einigen Kopfschmerzen, einer guten Portion Restalkohol im Blut und sehr wütend begab sie sich abermals zu Doc und gab ihm lauthals die Schuld an ihrem ganzen Leid und den ganzen Streitereien der letzten Monate. Sie schwor, dass sie ihn eines Tages noch umbringen würde. Doc reagierte darauf auf seine Art. Er zeigte sie an und Virgil Earp geleitete die fluchende und weinende Kate zum Gerichtsgebäude, wo sie nach einem kurzen und eindringlichen Gespräch und einem ernsten Blick von Richter Felter am Ende freigesprochen wurde.
Auch Holliday erschien am 09. Juli zu seiner Gerichtsverhandlung, wo er wegen Mangels an Beweisen, etwas mit dem Postkutschenüberfall zu tun gehabt zu haben, nach kurzer Verhandlungsdauer freigesprochen worden war. Dazu Doc später einem Reporter gegenüber:

„Hätte ich die Kutsche überfallen, hätte ich ein Pferd erschossen und mir dann die Geldkiste geschnappt."

Und wenn man Docs Intelligenz in Betracht zieht, erschien das sogar noch plausibel, denn eine Kutsche mit einem erschossenen Pferd vorneweg, konnte nun mal ihre Fahrt nicht weiter fortsetzen, anders, wie sie es in dem zurückliegenden Fall ja getan hatte. Doc verließ also als freier Mann das Gerichtsgebäude, es sollte nicht das letzte Mal gewesen sein.
Nach der Verhandlung trennten er und Kate sich vorläufig und Doc gab ihr noch etwas Geld mit auf die Reise. Sie ging zunächst nach Globe, doch im Oktober war sie be-

reits wieder nach Tombstone zurückgekehrt, wo sie und Doc sich erneut „zusammenrauften“ und sich ein Zimmer im Fly´s Rooming House nahmen, nachdem sie zuvor im Cosmopolitan Hotel gewohnt hatten. Darüber hinaus sollte Kate auch eine wichtige Augenzeugin der Schießerei am OK-Corral werden.

Schüsse am OK-Corral

Die Spannungen in Tombstone nahmen derweil weiter zu, wobei sich die Position der Earps zur Mitte des Jahres 1881 in der Stadt verbesserte. Zum einen wurde Virgil Earp neuer City-Marshal von Tombstone, nachdem sein Vorgänger Ben Sippy von einem zweiwöchigen Urlaub nicht wieder in die Stadt zurückgekehrt war und zum anderen ordnete er die Festnahme von Behans Stellvertretern Frank Stilwell und Pete Spence wegen des erneuten Überfalls auf eine Kutsche an. Ike Clanton erschien daraufhin vor Gericht und hinterlegte eine Kaution für die Gefangenen, derweil Frank McLaury und Morgan Earp sich beinahe auf der Straße duelliert hätten.
Docs Gesundheitszustand sollte sich zum Herbst hin wieder etwas verschlechtern. Seine Hustenanfälle nahmen zu und gegen seine Schmerzen in der Brust trank er mehr Alkohol als sonst schon. Manche Quellen sprechen von drei Flaschen am Tag und das könnte durchaus im Bereich des Möglichen gelegen haben, denn Doc fand nur noch sehr sporadischen Schlaf, der kaum zu einer Erholung seines Körpers und Geistes beigetragen haben dürfte. Das Wetter in Tombstone des Jahres 1881 war schlechter als das des Vorjahres gewesen, was auch ein Grund da-

für gewesen sein dürfte, dass sich Docs Gesundheitszustand verschlechtert und sich seine Reizbarkeit im gleichen Verhältnis wieder erhöht hatte. Es gab viel Dauerregen, der selbst für Arizonas Verhältnisse ungewöhnlich hoch gewesen war. Um diese Zeit herum lag es im Bereich des Denkbaren, dass Holliday sich außer dem Alkohol auch noch andere Rauschmittel wie Opium oder Laudanum besorgt hatte, um seine Schmerzen in der Brust zu betäuben.
Am 08. September 1881 wurde, wie bereits erwähnt eine weitere Postkutsche in Richtung Bisbee von zwei maskierten Männern überfallen und über 3.000 Dollar geraubt. Einer der Banditen wurde aufgrund seiner Aussprache später als Frank C. Stilwell identifiziert und er wurde zusammen mit dessen Kumpan Peter „Pete" Spence(r) vor Gericht gestellt. Beide wurden gegen Zahlung einer Kaution von 7.000 Dollar wieder auf freiem Fuß gesetzt. Doc Holliday begab sich während dieser Zeit „in den Urlaub" und fuhr Mitte September nach Tucson, um dort das San Augustin Festival zu besuchen und dem kalten Tombstone vorerst einmal den Rücken zu kehren. Morgan Earp sollte ihm bald darauf folgen. Er war, was den Charakter anbetraf, Doc sehr ähnlich gewesen und Doc mochte den jüngeren der Earp-Brüder und umgekehrt verhielt es sich genauso. Am 22. Oktober waren beide Männer aber wieder nach Tombstone zurückgekehrt.

Ende Oktober hatten Doc Holliday und die Earps es so gut wie geschafft, sich alle maßgeblichen Männer des „Cowboy-Rings" zum Feind gemacht zu haben, darunter *Ike* Clanton, „*Curly Bill*" Brocius, die Brüder Frank und

Tom McLaury, Frank Stilwell, Pete Spence und nicht zu vergessen Sheriff John Behan, der stets schützend seine Hand über die Aktivitäten der Cowboys gehalten hatte und sich deren Stimmen bei der nächsten Wiederwahl sicher sein konnte.

Am 25. Oktober, einen Tag vor den tödlichen Ereignissen in Tombstone, fuhren *Ike* Clanton und Tom McLaury mit einem leichten Wagen nach Tombstone, um dort Vorräte einzukaufen und einige Geschäfte zu erledigen, bevor sie in zwei verschiedene Hotels abstiegen.
Doc Hollidays und Morgan Earps abendliche Runde begann gegen 10.30 Uhr und gegen 01.00 Uhr nachts trafen sie im Occidental Lunch Room auf Ike Clanton, wobei es schnell zum Streit zwischen Ike und Doc kam. Holliday wollte die Sache gleich vor Ort ausschießen, doch Ike erklärte ihm, dass er keine Waffe bei sich hätte, woraufhin Holliday rief:

„Du Hurensohn, wenn du nicht bewaffnet bist, dann besorge dir gefälligst eine Waffe“,

woraufhin Morgan, Doc und Ike auf die Straße gingen, um dort ihren Disput weiter fortzusetzen. Virgil Earp, der zusammen mit seinem Deputy Jim Flynn vor dem Occidental gestanden hatte, forderte die beiden auf, Ike in Ruhe zu lassen, während Wyatt später hingegen behaupten sollte, dass Ike rief:

„Morgen früh werden wir die Sache auskämpfen“,

bevor er angetrunken davon wankte und sich anderen Zeugen gegenüber später in ähnlicher Manier äußern sollte. Seltsamerweise fand man Ike, Tom McLaury, Virgil Earp und Johnny Behan bald darauf im Occidental Saloon wieder, wo sie gemeinsam an einem Tisch saßen und pokerten. Wyatt und Morgan als auch Holliday hatten sich da schon zu Bett begeben und schliefen bereits.
Als die Pokerrunde am frühen Morgen abgebrochen wurde, nahm sich Ike nochmals Virgil beiseite und trug ihm immer noch wütend und noch betrunkener auf, Doc eine Nachricht zukommen zu lassen, dass er heute kämpfen muss. Und weiter zu Virgil, dass sie, die Earps, kämpfen müssen, bevor sie wüssten, was los sei.
Danach zog Ike wütend weiter durch die Saloons der Stadt und erzählte jeden, der es wissen wollte oder auch nicht, dass der Kampf bald beginne, sobald Holliday und die Earps sich auf der Straße zeigen würden. Dieses wurde auch Wyatt zugetragen, doch er drehte sich um und schlief einfach weiter. Ikes nächste Station war Fly´s Rooming Hose und er betrat, bewaffnet mit einer Winchester, das Haus. Er wurde aber von Mrs. Fly resolut wieder vor die Tür gesetzt, während sie anschließend Doc weckte und zu ihm sagte, dass Ike nach ihm suchen würde. Doc meinte daraufhin lapidar, dass Ike ihn schon noch früh genug zu Gesicht bekommen wird, wenn der liebe Gott ihn lange genug leben lassen würde.
Mittlerweile waren Virgil und Wyatt aufgestanden und hatten sich gemeinsam in die Stadt begeben. Sie trafen auf mehrere Einwohner, die sie warnten, dass Ike auf der Suche nach ihnen war. Beide Männer trafen in der Allen Street auf Morgan und James und man beschloss ihrer-

seits nach Ike zu suchen, um ihn vor weiteren (Un)taten abzuhalten. Schließlich war es Virgil, der den Gesuchten entdeckte, als dieser gerade den Capitol Saloon in der Fremont Street verlassen wollte. Kurzentschlossen packte Virgil Ikes Winchester und schlug ihn anschließend mit seinem Revolver nieder. Anschließend brachten er und Morgan ihn zu Richter A.O. Wallace, der Ike zu einer Strafe zu 25 Dollar verurteilte, die Ike sofort bezahlte, bevor er fluchend den Gerichtsraum verlassen hatte, ohne vorher jedoch noch eine verbale Auseinandersetzung mit Wyatt Earp zu führen, der zu Ike meinte, dass, wenn er kämpfen wolle, er auf ihn warten würde.
Als Wyatt das Gerichtsgebäude verlassen hatte, lief er in der Fourth Street gegen 13.00 Uhr Tom McLaury beinahe in die Arme, der nach Ike sehen wollte. Immer noch in Rage zog Wyatt nach einem kurzen Wortwechsel seinen Revolver und zog Tom den Lauf über dessen Schädel, so dass dieser zu Boden sank und mit glasigen Augen in den frostigen und morgendlichen Himmel über Tombstone blickte, während Wyatt seinen Weg weiter fortsetzte.
Eine Stunde später hatten auch Frank McLaury und Billy Clanton die Stadt erreicht und ritten die Allen Street hinunter in Richtung des Grand Hotels. Sie trafen unterwegs auf Doc, der Billy seltsamerweise freundlich die Hand schüttelte, bevor er seinen Weg weiter fortsetzte.
Mittlerweile hatte auch das Auge des Gesetzes gegen 13.30 Uhr beide Augen geöffnet und nachdem er aufgestanden war, hatte sich Johnny Behan zu Barron´s Barber Shop begeben, um sich dort rasieren zu lassen. Als er das Frisörgeschäft wieder verlassen hatte, traf er auf Virgil Earp, der zusammen mit Doc Holliday vor Hafford´s Cor-

ner Saloon stand, wobei Holliday, gekleidet in einem mausgrauen fellartigen Mantel und bewaffnet mit einem Spazierstock einen eher harmlosen Eindruck gemacht hatte. Virgil und Behan fingen an zu streiten, wer die Cowboys zu entwaffnen hätte, die sich laut des Augenzeugen H. F. Sills mittlerweile am OK-Corral aufgehalten hatten, einem unbebauten Grundstück an der Ecke Third und Fremont Street, zwischen Fly´s Rooming House & Photo Gallery und dem Wohnhaus eines W. A. Harwood. Behan machte sich schließlich auf dem Weg zum OK-Corral. Vielleicht hatte er auch tatsächlich den Vorsatz gehabt, die Cowboys entwaffnen zu wollen.

Nachdem Behan gegangen war stießen bald darauf Wyatt und Morgan Earp zu den beiden und als sich Behan auch nach ein paar Minuten nicht mehr hatte blicken lassen, gingen die vier die Fourth Street hinunter, wobei Holliday den drei Brüdern folgte. Virgil hatte ihm seine Schrotflinte gegeben, die Doc unter seinem Mantel verborgen hielt und hatte dafür Docs Spazierstock in die Hand genommen. Über die Schulter hinweg meinte Wyatt zu Doc, dass das hier nicht sein Kampf wäre und er sich hier nicht einzumischen bräuchte, woraufhin Holliday beleidigt geantwortet hatte:

„Dass du mir das sagst, finde ich übel“,

woraufhin Virgil innehielt und Doc zu seinem Stellvertreter ernannte. Dann gingen die vier weiter und bogen in die Fremont Street ab. Auf halben Wege kam ihnen Johnny Behan entgegen und meinte zu Virgil, dass er die Cowboys entwaffnet hätte, woraufhin Virgil erwiderte,

dass er das gerade vorgehabt hätte. Morgan sagte zu Doc: *„Geben wir es ihnen“*, woraufhin dieser kurz erwiderte: *„All right.“*
Die Earps und Holliday gingen weiter auf den Corral zu, während sich Ike und Billy Clanton sowie die beiden McLaurys auf das verwilderte Grundstück zwischen Fly´s Haus und dem Harwood Haus zurückgezogen hatten. Am Ende standen sich die acht Konkurrenten gegenüber. Was danach passierte, wurde und wird wohl auch in den nächsten Jahrzehnten und Jahrhunderten kontrovers diskutiert werden. Es gab zwar viele Zeugen, doch jeder von ihnen sollte später seine eigene Version der Geschichte erzählen und die Schießerei selber war eine Angelegenheit von wenigen Augenblicken. Wer zuerst zu seiner Waffe griff, auch darüber gibt es unterschiedliche Zeugenaussagen. Nachdem Virgils Versuche gescheitert waren, die Cowboys zur Aufgabe zu bewegen, ging die Schießerei los. Billy Clanton schoss auf Wyatt, doch der konzentrierte sich ganz auf Frank McLaury, der als der beste Schütze der Gruppe galt. Er traf ihn in den Bauch und Frank taumelte in Richtung der Fremont Street, wo er zu Boden ging. Als sein Bruder getroffen war, rief Tom McLaury, dass er unbewaffnet wäre und riss seine Weste auseinander. Er nahm hinter dem Pferd seines Bruders Deckung und versuchte an das Gewehr im Gewehrschuh zu kommen. Gleich nach den ersten Schüssen hatte sich der unbewaffnete Ike auf Wyatt geworfen und er ergriff seinen rechten Arm, um ihn am weiteren Schießen zu hindern, doch Wyatt schob ihn mit den Worten: *„Schieß Ike oder hau ab“*, eiskalt beiseite. Ike drehte sich um und lief auf die Tür von Fly´s Laden zu und rettete sich ins In-

nere des Hauses. Behan und ein weiteres Mitglied der Cowboy-Fraktion Billy Claiborne, der Ike zuvor zum Arzt gebracht hatte, um dessen Kopfwunde verbinden zu lassen, rannten zur Hintertür, um sich in Sicherheit zu bringen. Gleich darauf stürmte Ike aus dieser Tür hinaus und rannte, so schnell ihn seine Beine trugen, hinter die Boxen des OK-Corrals bis er in eine mexikanische Tanzhalle an der Allen Street Unterschlupf gefunden hatte. Morgan Earp hatte indes auf Billy Clanton gefeuert, der am Handgelenk und in die Brust getroffen nach hinten gegen ein Fenster des Harwood Hauses fiel und langsam zu Boden sank. Er legte seinen Arm unter den Lauf seines Revolvers und feuerte wenn auch unsicher weiter.
Holliday hatte inzwischen seine Schrotflinte hervorgeholt und feuerte einen Schuss über Franks Pferd ab, so dass dieses panisch davon stürmte. Tom McLaury war nun ohne Deckung und Docs zweiter Schuss aus Virgils Ten-Gauge-Schrotflinte durchsiebte Tom McLaurys rechte Seite. Er torkelte noch einige Meter, bevor er an der Ecke Third Street - Fremont Street tot zusammenbrach. Einer der drei Kontrahenten war ausgeschaltet, doch Billy Clanton und Frank McLaury feuerten weiterhin auf ihre Gegner. Eine Kugel traf Virgil in die Wade, so dass er zu Boden ging. Frank und Doc schossen fast gleichzeitig aufeinander und Franks Geschoss prallte an Docs Holster ab und hinterließ eine blutende Schramme an seiner Hüfte. Ein dritter Schuss kam von links, von Morgan Earp und Frank wurde tödlich unterm linken Ohr getroffen. Billy schoss auf Morgan und traf ihn an der Schulter, bevor er von zwei Schüssen aus Wyatts und Morgans Revolver unterhalb der Rippen getroffen wurde. Camillus

Fly lief aus der Haustür und ging zu Billy Clanton, der im Sterben lag und immer noch versuchte seinen Sechsschüsser zu spannen. Er bat Camillus noch um ein paar Patronen, bevor er starb. Camillus nahm ihm schließend die Waffe aus seiner schlaffen Hand. Lediglich Wyatt war bei der Schießerei völlig unverletzt geblieben.
Nach dem Gefecht war Tombstone in Aufruhr. Minenarbeiter bewaffneten sich und marschierten in die Stadt, um die Ordnung aufrechtzuerhalten. Die Toten wurden ins sogenannte „Death House“ an der Fifth Street gebracht, wo die offizielle Leichenschau stattfand. Danach brachte man sie zum Beerdigungsinstitut von *Ritter & Ream*, während Johnny Behan Wyatt sofort verhaften wollte. Er erhielt von diesem aber die wütende Abfuhr:

„Du verhaftest mich heute nicht, Johnny.“

Die verletzten Morgen und Virgil wurden von ihren Frauen versorgt, während Doc Holliday wie benebelt zu Kate in ihrem gemeinsamen Raum in Fly´s Haus ging. Er setzte sich auf die Bettkante und meinte leise weinend: *„Es ist furchtbar, es ist so furchtbar.“* Kaum vorstellbar, für einen der schnellsten und kältesten Revolverhelden des Wilden Westens, doch glaubt man Kate, schien es tatsächlich so gewesen zu sein. Diesmal hatte Doc nicht nur einen Mann bei einer Schießerei verwundet, sondern sogar getötet. Und nachdem sich Doc dieser Tragweite bewusst geworden war, erschien seine Reaktion darauf nach der Schießerei durchaus im Bereich des Möglichen und menschlich nachvollziehbar gewesen zu sein.

Billy Clanton und die beiden McLaurys wurden am 28. Oktober bei einem Leichenzug durch die Straßen Tombstone gefahren. Vorneweg eine Blaskapelle und ein Freund der Opfer, der ein Schild hochhielt, auf dem die Worte:

„Ermordet in den Straßen von Tombstone",

standen. Einen Tag später begann die Voruntersuchung des „Straßenkampfes in der Fremont Street." Virgil Earp wurde als City-Marshal suspendiert und Wyatt Earp und Doc Holliday wurden verhaftet und ins Gefängnis gesperrt. Richter Wells Spicer setzte für beide Personen eine Kaution von jeweils 10.000 Dollar fest und das war ein hübsches Bündel Dollarnoten, das nur dadurch aufgebracht werden konnte, dass Wyatts Freunde und Bekannte die „Spendendose" herumgehen ließen, so dass am Ende 41.500 Dollar zusammenkamen. Holliday brachte es immerhin auf rund 15.000 Dollar, doch alleine 7.000 Dollar davon stammten aus Wyatts Geldbörse. Selbst Kate spendete von ihren letzten 100 Dollar noch 75 Dollar für Doc. Danach bestieg sie eine Postkutsche und kehrte Tombstone in Richtung Globe für immer den Rücken. Für sie war das Fass des Erträglichen wohl endgültig übergelaufen gewesen und sie hatte nunmehr beschlossen, sich von Doc zu trennen, um wieder ihre eigenen Wege zu gehen. 1887 hielt sie sich nochmal in Colorado auf, wo sie Holliday kurz vor seinem Tod auch finanziell unterstützte, da dieser inzwischen so gut wie mittellos gewesen war.

Jäger und Gejagte

Am 31. Oktober um 03.00 Uhr nachmittags eröffnete Richter Spicer die öffentliche Anhörung, um die Geschehnisse am OK-Corral aufzuklären. Am 30. November kam Spicer zu seinem Urteil und er erklärte: „*(...)dass das Vorgehen der Angeklagten gerechtfertigt und ein notwendiger Akt in Ausübung des Amtes gewesen war, Männer festzunehmen, die vorher verkündet hatten, sich nicht entwaffnen oder verhaften zu lassen.*“ Allerdings stellte er auch gleich fest, dass Virgil Earp als Polizeichef der Stadt einen „unüberlegten und sträflichen“ Akt begangen hätte, als er seine Brüder und Doc Holliday darum gebeten hatte, ihm bei der Festnahme und Verhaftung der Clantons und McLaurys zu helfen. Damit war die Sache für Doc, den Earps und den Sympathisanten der Earps zwar vorerst erledigt gewesen, doch die Cowboys um Ike Clanton waren keineswegs gewillt gewesen, dieses Urteil einfach so hinzunehmen und schmiedeten insgehcim bereits Pläne, um sich an den Earps gebührend zu rächen.

Am 03. Dezember wurde Holliday abermals verhaftet, weil er in der Stadt eine Waffe abgefeuert hatte. Was der Grund dafür gewesen war, bleibt jedoch unbekannt.
Es sollten auch nicht die einzigen Schüsse gewesen sein, denn als Virgil Earp am Abend des 28. Dezember die Fifth Street überquerte, wurde er durch sechs Schrotladungen von Heckenschützen derart verwundet, das ihm das linke Ellenbogengelenk entfernt werden musste. Der Arm blieb verkrüppelt, wobei Virgil zu seiner Frau Allie meinte: „*Lass mal Allie, ich habe ja noch einen gesun-*

den Arm, mit dem ich dich umarmen kann.“
Die Täter blieben vorerst im Dunklen verborgen. Es entstanden zwar Gerüchte, das Ike Clanton, *Curly Bill* und William „Will“ McLaury, ein weiterer Bruder der Getöteten, die Täter gewesen sein könnten, doch es blieben Gerüchte, gleichwohl man die Schützen mit ziemlicher Sicherheit im Umfeld Clantons und der Cowboys vermuten durfte.
Vielleicht wäre es im Nachhinein für die Earps und Holliday klüger gewesen, Tombstone für immer den Rücken zu kehren und in eine ruhigere Ecke der USA zu ziehen, doch Doc und die Earps blieben in Tombstone. Da Virgil sein Amt nicht mehr ausüben konnte, wurde statt seiner Person nun sein Bruder Wyatt zum US-Deputy Marshal ernannt, während Holliday in alter Manier am 16. Januar beinahe in eine Schießerei mit Johnny Ringo geriet. Beide standen sich gegenüber und schienen bereit gewesen zu sein, sich zu duellieren. Doch am Ende sie wurden schließlich entwaffnet und zu je 30 Dollar Strafe wegen des Tragens einer versteckten Waffe verurteilt.

Zu der Zeit häuften sich die Postkutschenüberfälle, so dass sich US-Marshal Dake gezwungen sah, die Sache persönlich in die Hand zu nehmen. Zu diesem Zwecke ernannte er Doc Holliday, Morgan und Warren Earp, Sherman McMasters, John Wilson „*Texas Jack*“ Vermillion und Jack „*Turkey Creek*“ Johnson vorübergehend zu seinen Deputys, um Jagd auf die Banditen zu machen. Es war somit das zweite Mal, dass Doc den Stern des Gesetzes tragen sollte.
Am 10. Februar 1882 wurden Wyatt, Morgan und Doc er-

neut verhaftet, nachdem Ike eine Klage wegen Mordes an seinem Bruder Billy eingereicht hatte. Sie wurden am 14. Februar nach Contention gebracht, wahrscheinlich, weil Ike hoffte, dass Holliday und die Earps dort ein gerechteres Urteil für ihre Tat bekommen würden. Doch seine Hoffnungen sollten sich abermals zerschlagen.
Am 18. März befanden sich Wyatt und Morgan Earp im Campbell & Hatch´s Saloon, wo Morgan eine Partie Billard mit Bob Hatch dem Besitzer spielte. Plötzlich gegen 22.50 Uhr zersplitterte das oberste von vier Sichtfenstern (die unteren beiden waren übermalt gewesen) und ein Schuss bellte auf, wobei die Kugel, die aus ca. drei Metern abgefeuert worden war, in Morgans linke Seite eindrang, das Rückgrat zerschmetterte, aus der rechten Seite wieder austrat und in dem Oberschenkel des unbeteiligten Arbeiters George A. B. Berry steckengeblieben war. Ein weiterer Schuss schlug nahe der Decke in dic Wand, an der Wyatt saß, um dem Spiel zuzusehen. Einige Männer stürmten hinaus in die dunkle Gasse zwischen Allen und Fremont Street, doch vom Schützen fand sich keinerlei Spur. Morgan wurde auf dem Boden nahe der Tür zum Kartenraum gelegt und drei Doktoren, darunter der Spezialist für abdominale Schussverletzungen Dr. George E. Goodfellow untersuchten Morgan. Er erkannte, dass die Verletzung tödlich gewesen war und binnen einer Stunde war Morgan schließlich gestorben.
Wyatt brauchte nicht sehr lange, um herauszufinden, wer seinen Bruder getötet hatte. Zu dem engeren Täterkreis gehörten Frank Stilwell, Pete Spence, Florentino „*Indian Charlie*“ Cruz und ein Deutscher namens Fritz Bode.
Und noch etwas wurde durch Morgans Tod in Wyatt We-

sen verändert. Er war nun nicht mehr der pflichtbewusste Ordnungshüter, der seine Gegner vorzugsweise mit einem Schlag seines Revolvers auszuschalten pflegte, sondern ein unbarmherziger Racheengel, der bereit gewesen war, sämtliche seiner Gegner als Ankläger, Richter und Henker in einer Person abzuurteilen und Doc Holliday stand ihm dabei zur Seite, wie es gute Freunde eben so zu tun pflegten. Um diese Zeit herum waren Doc und Wyatt möglicherweise das gefährlichste Gunfighter-Duo, das sich jemals im Südwesten der USA aufgehalten hatte.
Doch bevor Wyatt seinen Rachefeldzug gestartet hatte, wurde Morgans Leiche nach Colton, Kalifornien hin überführt, dem Ort, wo sich die Eltern der Earps niedergelassen hatten. Mit einem Pferdewagen wurde der Sarg nach Benson gefahren und dort per Zug nach Tucson hin überführt. Auf der Fahrt dorthin erfuhr Wyatt, dass man Ike Clanton und Frank Stilwell in Tucson gesehen hatte. Als der Zug abends in die Stadt einrollte, blieben James, Virgil und seine Frau im Zugabteil, während sich Wyatt und Warren Earp, der kleinere der Brüder, Doc Holliday, Sherman McMasters und „*Turkey Creek*" Jack Johnson auf die Suche nach den beiden machten. Während Ike sich in ein Hotel begeben hatte, hielt sich Stilwell am Bahngelände der Southern Pacific auf, wobei unschwer zu erraten gewesen war, was er dort vorgehabt hatte. Die Gruppe fand ihn schließlich und mehrere Schüsse aus Revolvern und einer Schrotflinte durchsiebten seinen Körper. Sieben Schrotkugeln waren in seine linke Seite eingedrungen, eine Kugel hatte ihn von links getroffen. Elf Schrotkugeln und zwei Revolverkugeln hatten sein linkes Bein zerschmettert und eine Kugel hatte seine Schulter

durchbohrt. Es war eine Hinrichtung gewesen und die Schuldigen dieser Tat vom 20. März standen schnell fest. Gegen alle fünf wurde durch Richter Charley Meyer aus Tucson Haftbefehle erlassen, doch Wyatt und die anderen ließen sich nicht verhaften. Sie ritten nach Tombstone zurück, um ihre privaten Sachen zu holen. In der Lobby des Cosmopolitan Hotel traf er auf Johnny Behan, der mittlerweile telegrafisch von den Haftbefehlen gegen die Gruppe in Kenntnis gesetzt worden war. Laut Zeugenaussagen meinte er dabei zu Wyatt:

„Ich muss dich sehen, Wyatt“,

woraufhin dieser antwortete:

„Es könnte sein, dass du mich einmal zu häufig siehst, Johnny.“

Dann bestiegen Wyatt und die anderen ihre Pferde und sagten, es war der 21. März 1882, Tombstone für immer Lebewohl. Wyatts Vendetta hatte mit Stilwells Tod ihren Anfang genommen, doch er war erst der Beginn von weiteren Gewalttaten gewesen.
Die Gruppe machte nun Jagd auf weitere Mitgliedern der Cowboys, während John Behan ebenfalls eine Posse, darunter Phineas Clanton und Johnny Ringo, auf die Beine stellte, die ihrerseits Jagd auf Wyatt und seine Männer machte, zu denen sich mittlerweile auch Warren und James Earp, Charles Smith, Dan Tipton und John Vermillion hinzugesellt hatten.
Am 22. März gegen 11.00 Uhr erreichte die Gruppe das

Holzfällerlager von Pete Spence in den Dragoon Mountains, trafen dort statt auf Spence auf Florentino *„Indian Charlie“* Cruz. Bevor er von zehn oder zwölf Schüssen durchsiebt worden war, legte er noch ein Geständnis ab, in der er zugab, bei der Ermordung von Morgan mit dabei gewesen zu sein und mit ihm auch noch Frank Stilwell, Johnny Ringo, Hank Swilling und Curly Bill.
Am Freitag, dem 24. März befand sich die Gruppe um Wyatt und Holliday zwischen Contention und Drews Station bei den Iron Springs, die jedenfalls von Wyatt seinerzeit als die solchen identifiziert worden waren, während heutige Historiker davon ausgehen, dass es sich um den Ort um die Cottonwood Springs gehandelt haben könnte. Wie Kommissar Zufall es so wollte, lagerten dort an der Quelle bereit neun Cowboys und einer von ihnen war der gesuchte *Curly Bill.*
Als dieser seinen Kontrahenten erkannt hatte, feuerte er ohne Vorwarnung seine Schrotflinte auf Wyatt ab, ohne dass eine der Kugeln ihr Ziel fand.
Nach Hollidays Schilderung feuerten auch die anderen Cowboys ihre Waffen ab, wobei Vermillions Pferd getroffen wurde und beim Stürzen Vermillions Bein unter sich begrub. Er (Doc), Johnson und McMasters zogen sich, da sie keine Deckung gehabt hatten, zurück, während Wyatt seinerseits seine Schrotflinte angelegt hatte und *Curly Bill* in die Brust schoss, was ihn beinahe in zwei Teile geschnitten hatte. Er fiel am Rande der Quelle zu Boden und war sofort tot. Doc half Vermillion unter sein totes Pferd freizukommen und brachte ihn in Sicherheit. Wyatt hatte die Schrotflinte weggeworfen und feuerte nun mit seinem Revolver auf Johnny Barnes, der

von der Kugel tödlich in die Brust getroffen wurde. Ein zweites Geschoss traf Milt Hicks am Arm. Mit Mühen gelang es ihm anschließend auf sein Pferd zu kommen, da ihm sein Patronengurt um seine Beine gerutscht war. Er schwang sich in den Sattel und ritt in Deckung zu den anderen, während sich McMasters noch einen Streifschuss eingehandelt hatte. Wyatts Mantel war an beiden Seiten von Kugeln durchbohrt worden, eine Kugel hatte seinen Stiefelabsatz getroffen, eine weitere hatte sein Sattelhorn getroffen und ihn dabei nur knapp verfehlt. In seiner unveröffentlichten Biografie von Earp, schrieb John H. Flood 1926:

„Das Sattelhorn war zersplittert, sein Mantel zerfetzt, die Hosenbeine hatten drei Löcher, weitere fünf waren durch die Krone seines Hutes und drei durch den Rand hindurch gedrungen."

Mit *Curly* Bills Tod endete Wyatts Rachefeldzug im Arizona-Territorium. Statt sich den Behörden zu stellen, ritten er, Doc Holliday und die anderen in der ersten Aprilwoche über Camp Grant hinüber ins Territorium New Mexiko, wo sie am 15. April in Silver City aus ihren Sätteln stiegen, dort ihre Pferde verkauften und eine Postkutsche bestiegen, die sie nach Albuquerque brachte.
Es gab immer wieder Spekulationen darüber, ob Wyatt in späteren Jahren nach Arizona zurückgekehrt war, um auch den Rest der Mörder seines Bruders zu töten, darunter auch Johnny Ringo, den man am 14. Juli 1882 im Turkey Creek Canyon mit einer Schusswunde im Kopf tot aufgefunden hatte. Zudem war er skalpiert worden und er

hatte keine Stiefel mehr an den Füßen. Wer Ringo jedoch am Ende wirklich getötet hatte (Wyatt Earp, „Buckskin" Frank Leslie, Johnny O´Rourke) oder er selbst durch Suizid, bleibt dabei ein bis heute ungelöstes Rätsel.

Über Ike Clantons Ende dürfte kaum jemand überrascht gewesen sein. Als er wegen Viehdiebstahl verhaftet werden sollte, fasste er, anders als sein Bruder Phineas, der sich den Detektiven ergab, den unklugen Entschluss mit seiner Winchester Widerstand leisten zu wollen, wobei er schließlich, man schrieb den 01. Juni 1887, bei Springerville, Arizona von einer Kugel ins Herz getroffen, tot aus dem Sattel seines Pferdes zu Boden stürzte.

Die Allen Street, Ecke 5th Street ca. 1880. Links zu sehen das Grand Hotel, schräg gegenüber die Golden Eagle Brewery, der spätere Crystal Palace Saloon.

Das berühmt-berüchtigte Bird Cage Theatre in Tombstone.

Joseph Isaac „Ike“ Clanton
(1847-1887)

William Harrison „Billy“ Clanton
(1862-1881)

Die Brüder Thomas „Tom“ (1853-1881) und Robert Findley „Frank“ McLaury (1848-1881).

John Peters „Johnny“ Ringo
(1850-1882)

William „Curly Bill“ Brocius
(1845-1882)

Der OK-Corral von Tombstone befindet sich oben links im Bild. Die Schießerei selber fand zwischen Flys Haus (links) und dem Harwwod Haus (rechts) an der Fremont Street statt.

Doc Holliday war einer der Hauptbeteiligten des Revolverkampfes am OK-Corral in Tombstone gewesen.

Wyatt Earp, Aufnahme von 1879

Morgan Seth Earp
(1851-1882)

Blick auf die Blake-Street in Denver, Colorado im Jahre 1866

Glenwood Springs, Colorado mit seinen heißen Quellen war die letzte Station im Leben von Doc Holliday, bevor er hier am 08. November 1887 verstarb.

Der Grabstein Hollidays mit der Anmerkung, dass er im Bett gestorben sei.

Letzte Jahre in Colorado

Nachdem sich Wyatt und Holliday Mitte April 1882 in Albuquerque oder Trinidad, Colorado wegen Hollidays angeblicher rassistischer Äußerung Wyatts jüdischer Geliebten Josie gegenüber im Streit getrennt hatten (anderen Quellen zufolge erfolgte die Trennung in aller Freundschaft), bestieg Wyatt zusammen mit seinem Bruder Warren, Sherman McMasters, Tuerkey Creek und John Vermillion einen Zug, der sie hinüber nach Gunnison, Colorado brachte, während Doc in Pueblo zurückblieb, um sich dort von den Strapazen der Flucht zu erholen. Beide sollten sich 1886 nochmals in Denver wiedersehen.
Am 14. Mai 1882 verließ Doc Pueblo wieder und wandte sich hinüber nach Denver, um dort sein Glück an einem der Spieltische zu suchen. Was dort geschah, schildert die *„Denver Tribune“* in ihrem Artikel vom 16. Mai in anschaulicher Weise:

„Gegen 08.30 Uhr gestern Abend hätte man auf der 15th Street (...) einen dünnen, hageren Mann sehen können, mit (...) durchdringenden Augen (...) seine Kleidung maßgeschneidert (...) Die Straße ist an jener Stelle hell erleuchtet von elektrischem Licht (...) als plötzlich ein Mann aus dem Schatten sprang, Holliday seine zwei Sechsschüsser entgegenstreckte und dabei die Worte rief (...): „Hände hoch! (...) Doc Holliday, jetzt habe ich dich!“

Der Mann aus dem Gebüsch erwies sich als der Möchtegern-Revolverheld und Aufschneider Perry Mallan, der

Doc anschließend der Polizei in Denver übergab. Da gegen Holliday in Arizona ein Haftbefehl vorlag, hatte Mallan wohl gehofft, zu Ruhm und Ehren zu kommen, wenn er Holliday stellen konnte, verschwieg aber nebenbei, dass Sheriff Behan ein Kopfgeld von 500 Dollar auf Holliday ausgesetzt hatte, das später sogar noch um weitere 500 Dollar erhöht worden war. Zu Docs Glück befand sich just zu diesem Zeitpunkt Trinidads City-Marshal Bat Masterson in Denver, der seinen ganzen Einfluss dafür einsetzte, damit Doc - auch wenn er nicht unbedingt dessen Freund gewesen war - nicht für längere Zeit in eine Zelle einfahren musste, denn als der Gouverneur des Arizona-Territoriums Frederick Augustus Tritle von Hollidays Verhaftung erfahren hatte, schickte er sogleich den Freund der Earps und Sheriff des Pima-Countys Bob Paul hinüber nach Colorado, um Holliday zurück nach Tombstone vor Gericht zu bringen. Allerdings hatte Tritle nicht mit seinem Amtskollegen und Vornamensvetter in Colorado gerechnet, denn Gouverneur Frederick Walker Pitkin, lehnte das Auslieferungsbegehren mit der Begründung ab, dass Doc in Arizona, was Gerechtigkeit anbelangte, rein garnichts zu erwarten hätte. Derweil schrieb der „*Denver Republican*“ am 22. Mai 1882:

„Holliday ist einer der berühmtesten Kämpfer und hat wahrscheinlich mehr Viehdiebe und Mitglieder der Cowboy-Gang unter die Erde gebracht, als irgend jemand im Westen. Er war der Terror für die gesetzlosen Elemente von Arizona und zusammen mit den Earps der einzige tapfere Mann, der es wagte der blutrünstigen Bande Aug in Aug gegenüberzustehen.“

Da einer von Hollidays Freunden zuvor absichtlich das falsche Gerücht in die Welt gesetzt hatte, dass Doc in Pueblo einen Raub begangen hätte, um damit eine Abschiebung nach Arizona unmöglich zu machen, wurde der von Denver aus wieder zurück nach Pueblo gebracht, dort dem Sheriff übergeben, der ihn dann gegen die Zahlung einer Kaution in Höhe von 300 Dollar wieder auf freiem Fuß setzte. Am 18. Juli erschien er erneut vor Gericht, doch die Verhandlung wurde vorerst vertagt - da niemand zuvor etwas von einem Raubüberfall in Pueblo gehört hatte - und der „Fall Holliday gegen unbekannt" verschwand für immer in einem der Akten im Keller des Gerichtsgebäudes von Pueblo, so es einen solchen denn gegeben hatte. Am 30. Mai 1882 schrieb die „*Rocky Mountain News*" in ihrem Artikel:

„Doc Hollidays Fall wurde gestern durch Gouverneur Pitkin abgeschlossen. Gouverneur Pitkin dankte Holliday für seinen selbstlosen Einsatz für Gesetz und Ordnung in Arizona. Der Dankesfeier wohnten viele einflussreiche Männer des Westens bei: Deputy Sheriff Linton und Sheriff Paul aus Arizona sowie Sheriff Bat Masterson von Trinidad und viele Freunde Hollidays."

Nachdem Holliday rehabilitiert worden war, verließ er Denver und reiste über Pueblo in den Silberminenort Leadville, der ähnlich wie Tombstone kurz vor seiner Blütezeit gestanden hatte und viele Glücksritter und Spieler anlockte, die hofften, dort das große Geld zu machen. Spieler, wie eben auch Holliday einer war. Da der 1878 gegründete Ort sich 3094 m über der Meereshöhe befand und demzufolge über zwölf Monate hinweg kalt, windig und rau gewesen war, sollte sich Docs Gesundheitszustand während dieser Zeit wieder massiv verschlechtern, was ihn erneut leicht reizbar und streitsüchtig werden ließ. Nach seiner Ankunft in Leadville mietete er sich eine Wohnung in der 106 East Street und fand Arbeit im Monarch Saloon an der Harrison Avenue, jedenfalls solange, bis er und sein Arbeitgeber Cy Allen in Streit gerieten und Allen Doc die Kündigung aussprach. Anschließend fand er zunächst eine Bleibe in Hyman´s Saloon, bevor er sich ein Zimmer an der 219 West Third bezog.

In Leadville kam es am 19. August 1884 dann auch zu einer weiteren Schießerei, über die ich im Vorfeld meines Buches bereits berichtet habe. Billy Allen hatte von Doc mehrmals seine fünf Dollar zurückverlangt, die er ihm Anfang August geliehen hatte, sehr zu Docs Missvergnügen, denn als Allen abermals sein Geld eingefordert hatte, zog Holliday als Antwort seinen Revolver, schoss und traf Allen in den linken Arm, kurz unterhalb der Schulter, so dass eine Arterie durchtrennt wurde.

Nach einer Voruntersuchung, setzte Richter Old eine Kaution in Höhe von 8.000 Dollar gegen Holliday fest, die von den Bürgern Leadvilles gesammelt wurde, so dass Doc vorerst wieder auf freiem Fuß kam. Er kehrte an den Spieltisch zurück und verdiente dank einer Glückssträhne eine hübsche Summe an Dollarnoten.

Am 27. März 1885 begann der Prozess gegen Doc, der bereits am nächsten Tag endete. Zwar wurde er wegen der Schüsse auf Allen freigesprochen, doch er musste Leadville unverzüglich wieder verlassen, was er dann auch tat

und sich wieder zurück nach Denver wandte, wo er sich stilgerecht im Metropolitan Hotel einquartierte. Wie immer fand man ihn in den folgenden Monaten an den Spieltischen der Stadt wieder, bis er am 03. August 1886 abermals verhaftet wurde, diesmal wegen Landstreicherei. Nicht etwa deswegen, weil er derart auf den Hund gekommen war, dass man ihn in irgendeiner Seitengasse liegend aufgegabelt hätte, sondern aus dem einfachen Grund heraus, dass er als Spieler kein festes und geregeltes Einkommen gehabt hatte und damit unter das neue Landstreichergesetz fiel, mit dem die Stadtväter von Denver nunmehr unerwünschte Elemente aus ihrer Stadt fernhalten wollten. Dazu zählten nunmehr auch Personen wie Holliday, der am eigenen Leibe zu spüren bekam, wie der Fortschritt auch vor Denver nicht haltmachte und die Stadt sich bemühte, ihr altes Image abzulegen, um sich für den Aufbruch in modernere Zeiten zu rüsteten.
Da es durchaus im Bereich des Möglichen gelegen hatte, dass sich Doc eine lange Haftstrafe in Denver eingehandelt hätte, verließ er die Stadt umsichtiger Weise wieder und wandte sich erneut nach Leadville, um dort die Wintermonate zu verbringen. Als der Mai 1887 ins Land zog, beschloss er Leadville wieder zu verlassen und nach Glenwood Springs zu gehen, um dort in dem Heilbad mit seinen heißen Schwefelquellen Linderung für seine mittlerweile unerträglichen Schmerzen zu finden. Er kam dort am 24. Mai an und bezog ein Zimmer im Glenwood Hotel. Anfangs verbrachte Doc seine Zeit damit, Faro zu spielen und sich - es klingt fast unglaubwürdig - wieder als Zahnarzt zu versuchen, doch das ständige Husten machte dieses Vorhaben schnell wieder zunichte.

Anfang September 1887 hatte die Tuberkulose endgültig die Oberhand über Holliday gewonnen, so dass er sich gezwungen gesehen hatte, das Hotel wieder zu verlassen und ins nahegelegene Sanatorium von Glenwood überzuwechseln. Dort lag er die letzten 57 Tage seines Lebens im Bett, 14 Tage davon bewusstlos. Nur zwei Mal stand er während dieser Zeit auf und am 04. Oktober kam auch noch eine Lungenentzündung hinzu. Kate Elder, die ihren Bruder in Redstone, Colorado besuchen wollte, war während dieser Zeit an seiner Seite, als es mit Doc langsam aber sicher zu Ende ging:

„(...) es waren mehrere Glenwood-Bewohner im Raum, Sarah Field Cooper und Walter Devereaux (...) Kenny (Art Kendricks, der Page des Hotels, Anm. d. Verf.) schenkte ihm ein Glas Whisky ein, während der Doktor sich einige medizinische Notizen machte. Doc trank das Glas aus, drehte seinen Kopf zu Kate und lächelte (...) Als das Licht aus seinen Augen zu verblassen begann, atmete er ein letztes Mal und meinte (mit Blick auf seine nackten Füße): „Das ist witzig." Dann rührten sich seine Augen nicht mehr, sein Körper entspannte sich und er lag tot auf seinem Bett."

Dr. Baldwin notierte den Todeszeitpunkt. Es war 09.50 Uhr am Morgen des 08. November 1887 gewesen.
Schnell wurde die Beerdigung für Doc vorbereitet, die an einem Ort namens Linwood gegen 14.00 Uhr stattfinden sollte. Es sollte eine ruhige Prozession werden, bei der Pfarrer Rudolph als Redner amtieren sollte. Um 11.00 Uhr kamen die Bestatter, um Docs Leiche abzuholen. Er

wurde in einen dunklen Sarg mit silbernen Verzierungen gelegt, der dann auf einen schwarzen Leichenwagen gesetzt wurde. Diejenigen, die dabei waren, zogen ihre Hüte, dann rollte der Wagen davon. Am nächsten Tag verließ auch Kate den Ort und ging nach Leadville. Nach Hollidays Tod heiratete sie den Hufschmied George Cummings, doch auch diese Beziehung endete bereits ein Jahr später glücklos. Sie ging zurück nach Arizona, wo sie bis 1930 als Haushälterin arbeitete. Ihre letzten Jahre verbrachte sie in einem Altenheim in Prescott, wo sie am 02. November 1940 verstarb.

In den letzten Jahren kam es immer wieder zu Fragen, wo Holliday denn nun genau beerdigt liegt?
Charlie Smith, ein Oldtimer, erinnert sich, dass seine Beerdigung auf dem Linwood Cemetery stattgefunden hatte. Andere Zeugen, darunter Art Kendrick erinnerten sich, dass es das zweite Grab auf dem Friedhof gewesen war, gleich westlich neben dem Grab eines Jasper Ward.
Die letzte Ruhestätte von Doc Holliday befindet sich zweifelsohne auf dem Linwood Cemetery, wahrscheinlich in unmittelbarer Umgebung, wo sich heute sein zweiter Grabstein befindet, auf dem es lakonisch heißt:

DOC HOLLIDAY
1852 - 1887
He Died in Bed

Diese Aufnahme, die kurz vor seinem Tod 1887 aufgenommen wurde, zeigt wahrscheinlich Doc Holliday in seinem Zimmer in Glenwood Springs.

Nachwort

Die Person John Henry Holliday ist schon längst der Vergangenheit anheimgefallen, während die Legende Doc Holliday mühelos die Jahrzehnte überdauert hat und zum amerikanischen Kulturgut gehört, wie Coca-Cola zu einem Burger. Gerade der Wilde Westen Amerikas brachte eine Reihe solcher Legenden hervor, die zu Recht oder zu Unrecht, ob geliebt oder gehasst, zu Amerikas Aushängeschildern der Besiedlung des Wilden Westens im 19. Jahrhundert wurden. Männer wie Frank und Jesse James, Billy the Kid, Wild Bill Hickok, Buffalo Bill Cody, Wyatt Earp u. v. a. m. die ihre Spuren in den amerikanischen Boomtowns zurückgelassen haben.

Doc Holliday war zweifelsohne eine der interessantesten Erscheinungen seiner Zeit und wurde spätestens nach dem Revolverkampf am OK-Corral zu einer unsterblichen Legende. Doch was genau nun bleibt denn von dieser Legende am Ende übrig? War er wirklich der schnellste und tödlichste Revolverschütze, den der Wilde Westen jemals gesehen hatte? Und hatte er tatsächlich in 30 Duellen 16 Männer getötet?
Nun, wie ich bereits in meinem zuvor veröffentlichten Buch „*Wild Bill Hickok - Spieler und Revolverheld*“ geschrieben habe, hat es die Schnellzieherei, wie man sie in den zahlreichen Hollywood-Wildwestfilmen bewundern kann, nicht gegeben. Das wurde im übrigen auch von Wyatt Earp bestätigt, der meinte, dass Schnelligkeit in einem Duell eher zweitrangig gewesen sei und dass es weitaus wichtiger gewesen war, seinen ersten Schuss sicher

an einem Gegner anzubringen. Des Weiteren merkte er an, dass sich die damaligen Holster auch nicht dafür eigneten, schnell seinen Revolver zu ziehen, da die Waffe(n) u. a. an den Nähten der Holster hängengeblieben war(en). Und so war es dann auch meistens gewesen, wenn zwei Schützen sich duellieren wollten. Sie hielten ihre Revolver zumeist bereits in ihren Fäusten und wer auf Nummer sicher gehen wollte, benutzte auch lieber gleich eine geladene Schrotflinte mit abgesägtem Lauf, die auf kurzer Distanz weitaus effektiver als ein Revolver gewesen war. In dem Zusammenhang nenne ich hier nur Wyatts Duell gegen Curly Bill oder Hollidays Kampf am OK-Corral.
War also Holliday der todsichere und schnellste Schütze des Wilden Westens? Diese Frage wird, so denke ich einmal, in diesem Buch hinreichend beantwortet. Doc war, wenn er sich unter Alkoholeinfluss befunden hatte und genügend gereizt worden war, schnell mit der Waffe bei der Hand gewesen, ohne dass er sie jedoch dabei allzu „blitzschnell" aus seinem Holster gezogen hätte, was zudem ein hohes Risiko in sich barg, sich dabei aus Versehen selber anzuschießen.
Und was war mit seiner tödlichen Treffsicherheit?
Schauen wir auf Docs Karriere als Revolverschütze, so waren lediglich die Schüsse auf Tom McLaury (Schrotflinte aus kurzer Distanz), Frank Stilwell (Revolver aus kurzer Distanz) und Florentino Cruz (Revolver aus kurzer Distanz) wirklich tödlich gewesen. Doch die meisten seiner Kugeln rissen lediglich einige schmerzhafte Verwundungen an seinen anderen Opfern. Kein einziges Duell a ′la Hollywood auf der Mainstreet um 12.00 Uhr Mittags, wo Doc Holliday blitzschnell seinen Revolver gezogen

und seine(n) Gegner mit einem einzigen gut gezielten Schuss getötet hätte. Schade für Docs „Fangemeinde", die immer noch glaubt, dass er der schnellste und tödlichste aller Gunfighter gewesen wäre. Doch die Zeilen meines Buches sprechen, so denke ich einmal, eine ganz andere Sprache. Das gilt im Übrigen auch für seine 14 Opfer, die er in 30 Duellen zurückgelassen haben soll.
Diese Zahlen entsprechen in keinster Weise der Wahrheit und wurden in der Regel nach Gerüchten und Hörensagen in die Welt gesetzt, u. a. möglicherweise sogar von Holliday selbst, der damit hoffte, dass ihn sein Ruf als tödlicher Revolvermann bereits vorausgeeilt war, wenn er seine nächste Boomtown erreicht hatte und man ihn so in Ruhe ließ. Drei oder vier Tote gehen mit Sicherheit auf seine Kappe, darunter Tom McLaury, Frank Stilwell (als mitbeteiligter Schütze), Florentino Cruz (als mitbeteiligter Schütze) und möglicherweise aber nicht sicher Mike Gordon in Las Vegas. Das war es dann auch schon, wenn man von den anderen verwundeten Gegnern einmal absieht, die Doc mit seinem Revolver malträtiert hatte. Und was meinte Holliday selber zu seinen Taten? Die Antwort gibt Oberst John T. Deweese, der 1884/85 Docs Anwalt in Denver gewesen war. Auf die Frage:

„Behandeln sie eigentlich nie ihr Gewissen?",

meinte Doc in seiner spöttisch-lapidaren Art:

„Nein, das habe ich mir vor langer Zeit von den Lungen gehustet."

***

Bibliografie

Boyer, Glenn G.:	Illustrated Life of Doc Holliday, Glenwood Springs, 1966
Boyer, Glenn G.:	Wyatt Earp´s Tombstone Vendetta, Hawaii, 1993
Flood, John:	Wyatt Earp´s Biographie Manuscript, Tucson 1926
Hagen, Christopher S.:	Sheriffs, Outlaws und Banditen, Augsburg 1975
Jahns, Patricia:	The Frontier World of Doc Holliday, Lincoln, 1979
Junkelmann, Marcus:	Die Eroberung des Westens - die USA nach dem Bürgerkrieg 1865 bis 1890, Augsburg, 1993
Kiecksee, Jens:	Doc Holliday - Wahrheit und Legende, Wyk auf Föhr, 1994
Kiecksee, Jens:	Cattle Towns - die Rindermärkte in Kansas in der amerikanischen Pionierzeit, Wyk auf Föhr, 1992
Lake, Stuart N.:	Wyatt Earp - Frontier Marshal, Boston 1931
Masterson, W.B.:	Famous Gunfighters of the Western Frontier, Houston, 1957
Myers, John M.:	Doc Holliday, Lincoln, 1974
O´Neil, Paul:	Gunfighter - alle Revolvermänner des Wilden Westens, eine Enzyklopädie, Zürich, 1997
Rosa, Joseph G.:	Schusswaffen der amerikanischen Pionierzeit, Stuttgart, 1987
Tanner, Karen H. :	Holliday - The Orign Charles Smith Memoirs, 2001
Willcox, Victoria &: Brewer, Clifton	Doc Hollidays Family Affairs, 2016

Michael Franzen

Tagebuch der Geschichte der USA des 19. Jahrhunderts

1800 - 1811

Band 1 der Geschichte der USA des 19. Jahrhunderts beschreibt die Zeit von 1800 bis1811. Die Lewis- und Clark-Expedition markiert den Beginn der Erforschung und Eroberung des Amerikanischen Westens. Durch die napoleonischen Kriege in Europa kommt es zum Handelskrieg mit Frankreich und Großbritannien - **96 Seiten als Taschenbuch, 16 s/w-Abbildungen, ISBN 978-3-7450-6510-7 für 6,99 €.**

Michael Franzen

Tagebuch der Geschichte der USA des 19. Jahrhunderts

1812 - 1824

Band 2 der Geschichte der USA des 19. Jahrhunderts beschreibt die Zeit von 1812 bis 1824. Durch die fortlaufenden Spannungen mit Großbritannien und Frankreich kommt es schließlich zum „Zweiten Unabhängigkeitskrieg“ mit England. Der anschließende wirtschaftliche Aufstieg findet in der „Era of Good Feelings“ ihren Ausdruck und auch außenpolitisch setzen die USA mit der „Monroe-Doktrin“ neue Akzente - **156 Seiten als Taschenbuch, 23 s/w-Abbildungen, ISBN 978-3-7450-6791-0 für 7,95 €.**

Michael Franzen

Tagebuch der Geschichte der USA des 19. Jahrhunderts
1825 - 1845

Band 3 der Geschichte der USA des 19. Jahrhunderts beschreibt chronologisch die Zeit ab der Veränderung der Parteienlandschaft in den USA seit 1825 und dem gleichzeitigen Erstarken der Jacksonian-Partei, die in der Wahl von Andrew Jackson zum 7. Präsidenten der Vereinigten Staaten gipfeln sollte. Der verstärkte Zustrom der weißen Amerikaner in die mexikanische Provinz von Texas, führt zum Freiheitskampf der texanischen Siedler und am Ende zur Gründung der Republik Texas, seiner Annexion durch die USA und dem daraus resultierenden Krieg mit Mexiko - **188 Seiten als Taschenbuch, 33 s/w-Abbildungen, ISBN 978-3-7450-6891-7 für 8,99 €.**

Michael Franzen

Tagebuch der Geschichte der USA des 19. Jahrhunderts

1846 - 1860

Band 4 der Geschichte der USA des 19. Jahrhunderts beschreibt chronologisch die Zeit vom Krieg mit Mexiko, der den USA große territoriale Gewinne bringt. Durch den Goldrausch in Kalifornien ziehen Goldsucher und Aussiedler nach dem Westen und brechen dabei auch in die Heimatgebiete der indianischen Ureinwohner ein. Der Kansas-Bürgerkrieg ist der dunkle Vorbote des sich nahenden Bürgerkrieges zwischen dem Norden und dem Süden - **180 Seiten als Taschenbuch, 37 s/w-Abbildungen, ISBN 978-3-7450-7034-7 für 8,99 €.**

Michael Franzen

Tagebuch der Geschichte der USA des 19. Jahrhunderts

1861 - 1865

Der fünfte Band der Geschichte USA des 19. Jahrhunderts beschreibt chronologisch die Zeit der Wahl von Abraham Lincoln zum Präsidenen der USA und dem sich anschließenden Amerikanischen Bürgerkrieg, der vier Jahre lang blutig vor sich hintobt. Die ersten Kriegsjahre werden vom Süden dominiert, bis sich die zahlenmäßige und industrielle Überlegenheit des Nordens schließlich durchsetzen sollte. Die Sklavenbefreiung war eine Folge dieses Krieges, der mit der Ermordung von Präsident Lincoln endete - **188 Seiten als Taschenbuch, 41 s/w-Abbildungen, ISBN 978-3-7450-7061-3 für 8,99 €.**

Michael Franzen

Tagebuch der Geschichte der USA des 19. Jahrhunderts

1878 - 1888

Der siebente Band der Geschichte der USA des 19. Jahrhunderts beschreibt chronologisch die Zeit der Besiedlung des Mittelwestens und dem voranschreitenden Eisenbahnbau. Die Indianerkriege sind beendet und lediglich die im Südwesten der USA beheimateten Apachen leisten der US-Armee bis 1886 noch Widerstand. Der Wilde Westen beginnt langsam zivilisiert zu werden und die Vereinigten Staaten rüsten sich für den Aufbruch in die Moderne - **166 Seiten als Taschenbuch, 33 s/w-Abbildungen, ISBN 978-3-746706-43-6 für 7,99 €.**

Michael Franzen

Tagebuch der Geschichte der USA des 19. Jahrhunderts

1889 - 1899

Der achte Band bildet den Schlusspunkt der Geschichte der USA des 19. Jahrhunderts. Die Siedlungsgrenze ist aufgehoben und der Wilde Westen erobert. Die Vereinigten Staaten führen zum Ende des 19. Jahrhunderts Krieg gegen Spanien und stärkt damit seinen Einfluss im Pazifik. Es folgt der Aufbruch in die Moderne und der Aufstieg der USA zur bedeutensten Weltmacht des 20. Jahrhunderts - **204 Seiten als Taschen-buch, 32 s/w-Abbildungen, ISBN 978-3-746726-18-2 für 8,99 €.**

Michael Franzen

Alias Billy the Kid

Leben und Sterben des Henry McCarty

Billy the Kid war eine der legendärsten Figuren der amerikanischen Pionierzeit und bereits zu Lebzeiten eine Legende gewesen. Von der Kindheit und Jugend bis hin zu den Boomtowns New Mexikos verfolgt der Autor den Lebensweg von Henry McCarty, der für jedes seiner 21 Lebensjahre einen Menschen erschossen haben soll - **120 Seiten als Taschenbuch, 40 s/w- Abbildungen, ISBN 978-3-7450-3126-3 für 7,99 €.**

Michael Franzen

Wild Bill Hickok
Spieler und Revolverheld

Wild Bill Hickok war einer der schillerndsten Figuren der amerikanischen Pionierzeit und bereits zu Lebzeiten eine Legende gewesen. Von der Kindheit und Jugend bis hin zu den Goldgräbercamps von Dakota verfolgt dieses Buch den Lebensweg von James Butler Hickok und räumt mit der Legendenbildung um seine Person auf - **164 Seiten als Taschenbuch, 12 s/w-Abbildungen, ISBN 978-3-7450-5353-1 für 8,99 €.**

Michael Franzen

Die Teton-Sioux

Ein Volk kämpft

Die Teton-Sioux entwickelten sich im 19. Jahrhundert zur größten Reiternation auf den zentralen Plains Nordamerikas. Um die Black Hills und ihr Land entwickelte sich ein langanhaltender Kampf mit der US-Armee. Häuptlinge wie Red Cloud, Sitting Bull oder Crazy Horse wurden berühmte Anführer ihres Volkes - **268 Seiten als Taschenbuch, 23 s/w-Abbildungen, ISBN 978-3-7450-5356-2 für 10,99 €.**

Michael Franzen

Die Apachen
Ein Guerillakrieg in der Wildnis

Die Apachen galten als hartnäckige Verteidiger ihrer Heimat und kämpften einen über die Jahrhunderte hinweg andauernden Freiheitskampf gegen ihre indianischen Nachbarn sowie gegen die Spanier, Mexikaner und Amerikaner. Häuptlinge wie Cochise, Victorio oder Geronimo wurden legendäre Anführer ihres Volkes - **136 Seiten als Taschenbuch, 10 s/w-Abbildungen, ISBN 978-3-7450-5355-5 für 7,99 €.**